ブックレット・ボーダーズ

No. 3

稚内・北航路——サハリンへのゲートウェイ

井澗裕 編著

特定非営利活動法人 国境地域研究センター

ブックレット発刊によせて

二〇一四年四月、総合的なボーダースタディーズ（境界・国境研究）の振興を目的とした民間の研究所として特定非営利活動法人・国境地域研究センター（ＪＣＢＳ：Japan Center for Borderlands Studies）が誕生しました。世界では、北米を本拠とする境界地域研究学会（Association for Borderlands Studies）、移行期の境界地域ネットワーク（Border Regions in Transition）などの活動が知られてきましたが、我が国には北海道大学グローバルＣＯＥプログラム「境界研究の拠点形成」が始動するまでボーダースタディーズのコミュニティは存在しませんでした。これは海に囲まれた島国・日本に暮らす私たちが境界・国境の問題に長年、無自覚であり、いわば内向きの歴史を積み重ねてきたこととも無縁ではありません。

近年、国際情勢の変動のもと、私たちの意識も大きく変わりつつあります。二〇一一年一一月には、境界・国境地域の実務者と研究機関を結ぶ境界地域研究ネットワークＪＡＰＡＮ（ＪＩＢＳＮ：Japan International Border Studies Network）が設立、また二〇一三年四月、北海道大学スラブ研究センター（当時）に境界研究ユニット（ＵＢＲＪ：Eurasia Border Research Unit, Japan）が設置されるなど、大学・自治体間の連携が強まっています。我が国の将来を見据えたときに、境界・国境問題に対する世界的な研究・実務の経験を学ぶこと、これら知見をもとに私たち自身の境界問題を考えること、さらには境界地域に暮らす人々の目線で地域の発展を模索すること、これらすべてが喫緊の課題になっていると思われます。境界をめぐる様々な問題に関する視座と知識の涵養のため、国境地域研究センターはブックレット・ボーダーズをここに刊行することにしました。本ブックレットがひとりでも多くのみなさんに境界地域のあるがままの姿やその未来への可能性をお届けできる一助になれば私たちの喜びとなります。

国境地域研究センター・ブックレット編集委員会

目次

はしがき

国境の島・対馬の観光や地域おこしを展望した第1号、「見えない壁」で隣人たちとのつながりを絶たれた根室と与那国の苦悩を描いた第2号。これに続いてお届けするブックレット第3号では、北海道の「てっぺん」「さいはて」と称される稚内《わっかない》、そしてこれと結ぶサハリンをテーマとした。稚内とサハリンの関係は、実は対馬と釜山《プサン》の関係と比べやすい。歴史的な紐帯や人々の往来の話はここでは深入りしないが、ともにここ数十年、定期航路（後者は高速船、前者はフェリーだが）で結ばれてきたこと、そしてこれに伴い、地域と地域の文化や個性が深く結びつき、まさに国境地域として描けるオリジナルな場所が形成されてきたからだ。ブックレット第1号で描写した、対馬でみる韓国人観光客の風景が自然のように、稚内を闊歩するロシア人は地域に溶け込んでいた。

　稚内では一九九〇年代に航路が「再開」されたとき（なぜ「再開」という言葉を使うのかは、Ⅱを参照）、ロシア人が稚内市の人口をはるかに超えて押し寄せ、市民たちとトラブルが続出した。「路上に駐めてある自転車に勝手に乗っていく」「サウナで酒を飲んではしゃぐ」「（船から勝手に）犬をおろして散歩する」。もちろん、悪意をもち、非合法の商売をするロシア人がいたことは確かだ。もめ事も少なくなかった。

ブックレット第１号と第２号

　だが、トラブルの多くは習慣の違いであり、徐々に彼らは日本になじんでいった。外国人が多数押し寄せる。いまでこそ観光立国をスローガンに、みな憑かれたように「インバウンド（外からの）」観光客の誘致に熱心だが、稚内はその先駆けであった。それは様々なビジネスチャンスに満ちていた。カニの密漁だって？　それもあろうが、これは本書のテーマではない。実は稚内で起こったことはその後の対馬の光景にも通じる。「車道一杯にひろがって交通を妨げる」「飲食店に飲み物を持ち込む」「とにかくみんなで騒ぎまくる」などなど。韓国人への悪口が一時、ブームとなったが、彼らもずいぶんマナーがよくなり、今では地元となじんでいる。

　国境地域というのはこういうものだろう。

　対馬の号でも紹介したが、ここでも私が強調したいのは、稚内においても進取の気性にみちた人々が、国境地域の変化をいち早く察知し、ビジネスチャンスととらえ、活躍したということである。国道四〇号線にある電化製品店「マガジン９２８」（ロシア語では店をマガジンという）はロシア人の大量買い付けで大いに繁盛し、その創業者は一財をなした。ロシア人が箱買いをするから、日用品の専門店も流行っていた。しょうゆ、みそ、缶詰、お酒など、当時のロシアは物が不足していたから、商品を担ぐ船員たちは稚内に寄ることが一攫千金を意味していた。いわば元祖、爆買いだ。

ふつうの店だって儲かった。南稚内の西條百貨店では、日本人が興味をもたない雑貨を物珍し気に物色し買いあさるロシア人がたむろしていた。南の飲み屋を歩いてみてほしい。どこぞの店に、当時を懐かしむ親父がいる。カウンターに座って話をきいてみよう。当時のロシア人との交流。いやあ、儲かりましたね。

残念ながら、これらの話、今は昔。市内で闊歩するロシア人を見る機会はぐっと減った。それでもサハリンからフェリーに乗ってくるロシア人たちが去年（二〇一五年）までは確実にいた。多少、寂しくなったが、稚内駅近くの商店街にはロシア語の看板がたちならぶ。布団なんか売れ線だったと聞く。親子づれの観光客もときどきみかけることができた。とあるホテルで、朝から食堂で、一人で納豆を2パックも白ごはんにぶっかけて食べているロシア人には度肝を抜かれた。

商工会議所もロシアとのつきあいに熱心だ。商工会議所は二〇年以上も前から、サハリンから実習生を招待し、日本とのパイプ役として育ててきた。その実習生たちはすでにサハリンの企業などの幹部となり、稚内との交流を担い続けている。サハリンとのエネルギープロジェクトが盛んだった頃には、ワッコルという稚内とサハリンの合弁会社が活躍し、地元スーパーの社長はサハリンビールを今でも、輸入している。船の整備会社もあり、ロシアの船の点検を担っている。稚内駅から南へむかう国道沿いに、二〇〇七年に開業した副港市場、温泉や名産店が並び、サハリンと稚内の歴史を説明したコーナーもあり、まちの新しい中心として機能している。毎年冬にはロシア極東からアンサンブルが滞在し、夕方から夜にかけて、歌や踊りを披露する。極め付きは、市役所。ここには「サハリン課」という名称の部局が存在する。日本中の役所で、外国の固有名詞がつけられた課など他にあるのだろうか。

一九九〇年代ほどの賑わいはなくても、このように稚内は、いまでも日本のなかにあって、いわゆる日本ではない、特別の匂いをもつまちである。世界中の国境地域と同様に、そこには暗い部分ももちろんあるが、輝きもある。本書はこれまでのシリーズと同じように、国境のまちとそこに暮らす人々に光をあてようとしたものである。稚内を訪れる方々の手引きとなり、ここからサハリンに向かう人々の道案内となればと考え、企画した。

さてそのサハリンだが、私が初めて島を訪れたのは、一九九六年の三月、いまの職場、北海道大学スラブ・ユーラシア研究センター（当時はスラブ研究センター）に国内研修制度を使って、半年間滞在したときである（私の所属は当時、山口女子大学）。ロシアの砕氷船に乗って、稚内港から流氷を見てサハリンに行くという趣旨に惹かれて、高校時代の友人と参加した。面白かったのは参加者の多数が（私もそうだが）道外の人だった。東京から札幌に入った友人と、今はなき、夜行列車「利尻《りしり》」に乗って稚内入りした

当時は北防波堤ドームからの出発

（稚内に行ったのは二回目）。

後ほど紹介があるが、当時は国際ターミナルも定期船もなく、北防波堤ドームの先から出航したように記憶している。札幌から来た人が少ないなあと思いながら様子をうかがっていると事情がわかった。北海道の人は寒い冬になんでもっと寒いところに行く必要があるのかと思うらしい。札幌から来ていたカップルをようやくみつけたら、共同通信の記者だった。一緒にエクスカーションにいったが、私の友人もＮＨＫだったから、仕事になってしまった。研究者と記者が一緒だと、好奇心の塊りで、みんなに質問攻めをするから、周りはいい迷惑だろう。紋別《もんべつ》か網走《あばしり》かは忘れたが、調査も兼ねていた参加者からアンケートを頼まれた。「紋別、網走の流氷と比べて、こちらはどうだったって？」。私も含めて、流氷を初めてみる内地の参加者が大多数のツアーにこの質問は無意味だと思った。

当時のサハリンの記憶は実はあまりない。モスクワに馴れた眼からはとても暗いイメージだった。ユジノサハリンスクからホルムスクにいく途中に、朝鮮人を虐殺したとされる場所があると聞き、その記念碑があるのではと友人たちと車で探し回ったが果たせなかったことはよく覚えている。

記念碑を探して

サハリンの風景をみて最初に感じたことは、ここは北海道だ、稚内だ。目隠しをしてこの場所に連れていかれたら、間違いなく私はそう答える。そして国境は自然の変わり目と関係なく引かれる、同じ風景を分かつものだと気がついた。以後、感覚の幅が広がっていく。新千歳空港に降りるシーンを飛行機から眺めれば、まるでハバロフスクに着陸するかのようだ。その後、札幌から福岡空港へ向かったとき、着陸シーンをまるでシンガポールに行くようだと思った。どこからどこへ向かうのか、起点と到達点の文脈で旅のあり方が規定される。いまならはっきりそういうことができる。稚内とサハリンを結ぶ国境の旅が、例えば飛行機で札幌や成田からサハリンへ向かう、一般的な外国旅行と違うのはそういうことだろう。

本書は稚内とサハリンの国境のまちを紹介しながら、これを結ぶ旅に読者を招待する。私たちはこれをボーダーツーリズム、国境観光と称する。国境観光って何？『現代用語の基礎知識２０１６』から引いておこう。「国境に面している境界地域や国境を意識させるような旅をすること。海で囲まれた日本ならば、サハリンや石垣島、対馬などへの旅行がその例」（一一八六頁）。「国境を挟む境界地域を『交流の最前線』と位置づけ、観光を通じて関心を高める試み」（一〇八二頁）。もうすこし詳しい解説が『入門国境学――領土、主権、イデオロギー』（中公新書）の後ろの方にも載っている。

では、旅の始まり始まり。

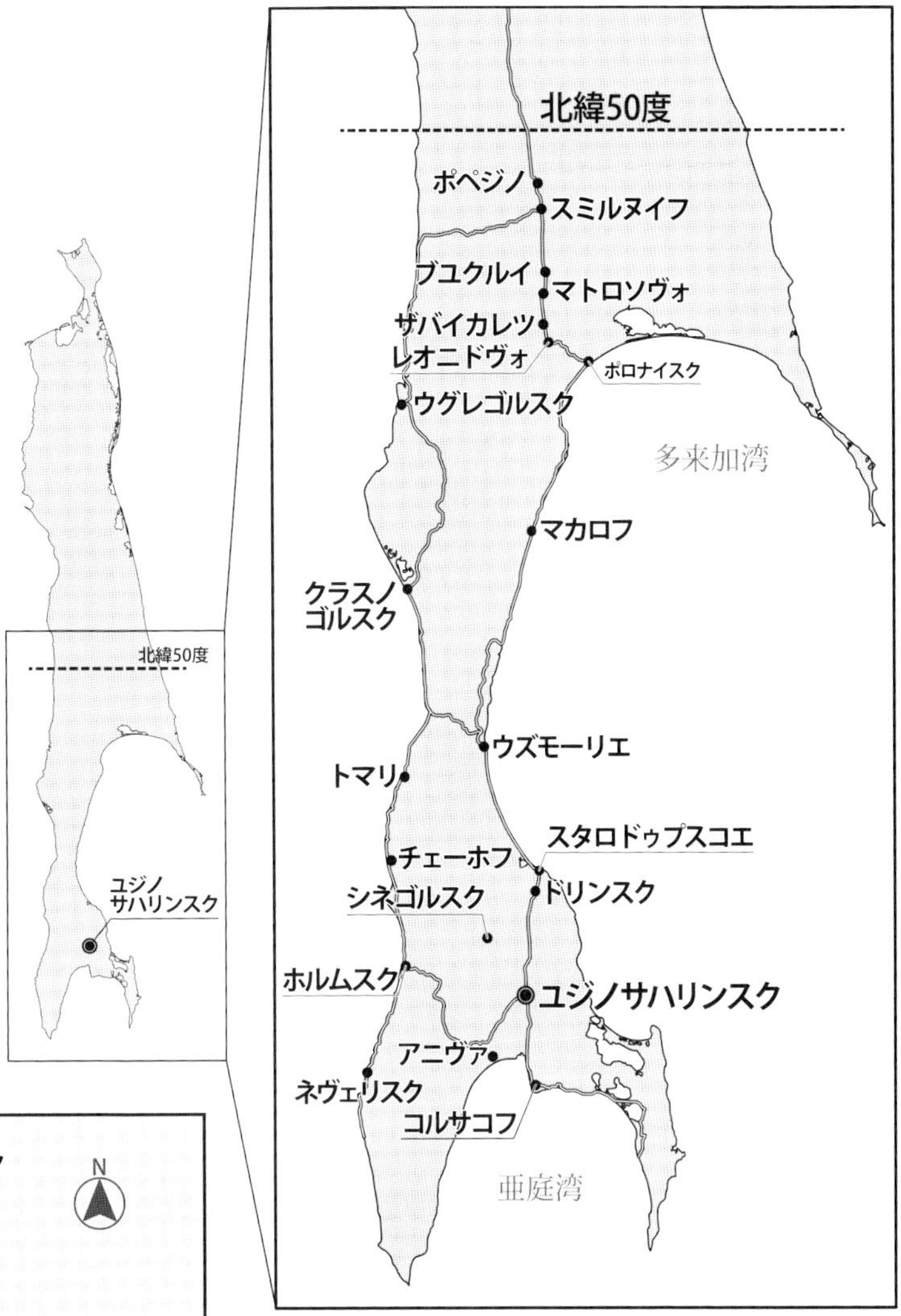
北緯50度
ユジノ
サハリンスク
北緯50度
ポペジノ
スミルヌイフ
ブユクルイ
マトロソヴォ
ザバイカレツ
レオニドヴォ
ポロナイスク
ウグレゴルスク
多来加湾
マカロフ
クラスノ
ゴルスク
ウズモーリエ
トマリ
スタロドゥプスコエ
チェーホフ
ドリンスク
シネゴルスク
ホルムスク
ユジノサハリンスク
アニヴァ
ネヴェリスク
コルサコフ
亜庭湾

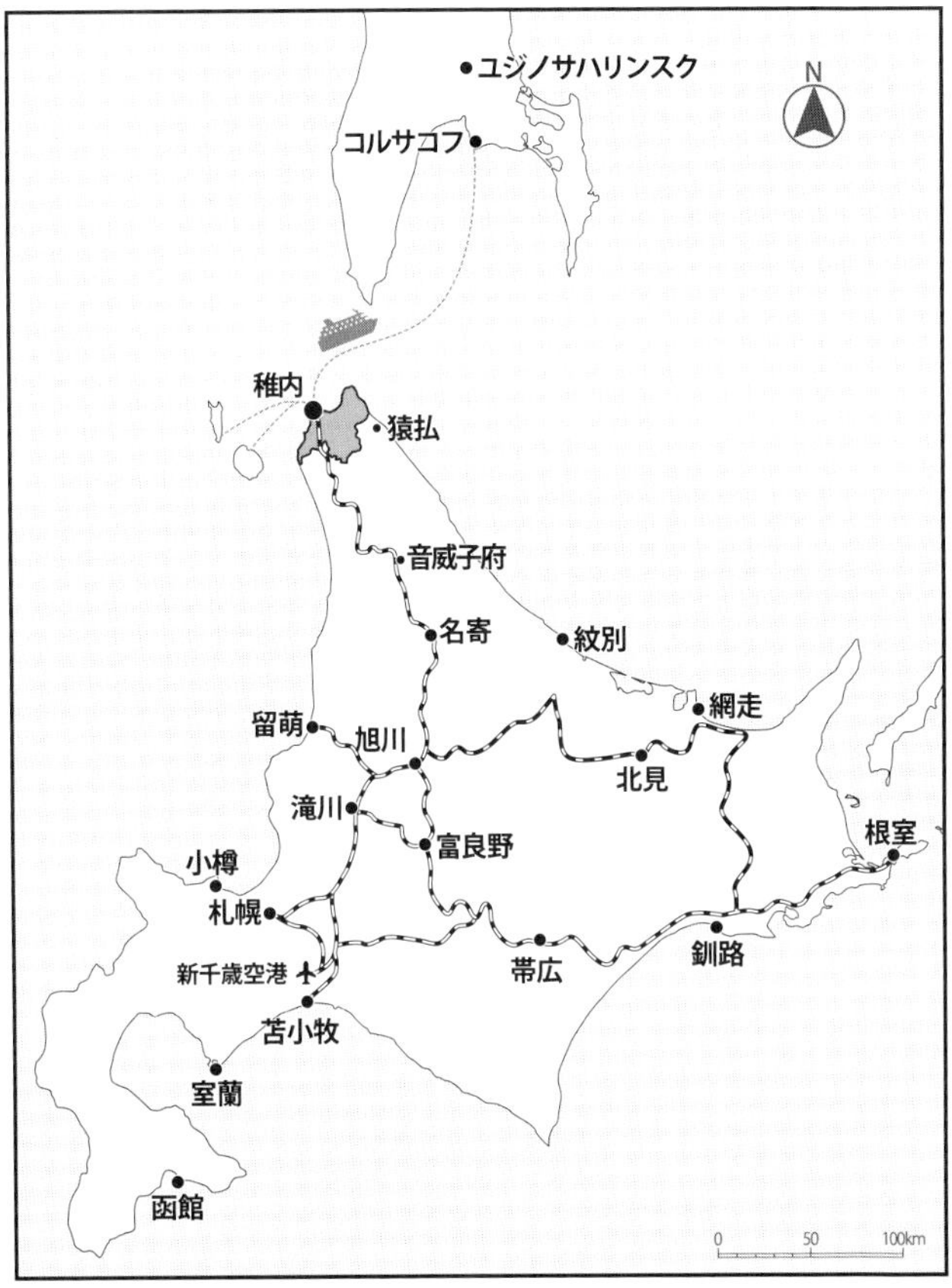
ユジノサハリンスク
N
コルサコフ
稚内
猿払
音威子府
名寄
紋別
網走
留萌
旭川
北見
滝川
富良野
根室
小樽
札幌
新千歳空港
帯広
釧路
苫小牧
室蘭
函館
0
50
100km

Ⅰ　稚内からサハリンへつなぐ

本書のあらまし

ボーダーツーリズム――いわゆる、国境観光。

日本で一番この言葉が似合うのは、間違いなく稚内だ。何しろ日本地図の「てっぺん」にある、「さいはてのまち」である。そこから船で北上すれば、日本地図の上辺を越え、その行き先はアジアですらない。あのプーチン大統領を戴く「おそロシア」なのだ。まさにキング・オブ・国境観光。それが本書で紹介する「稚内・サハリン国境観光ツアー」である。

稚内の海辺から宗谷海峡を眺めると、晴れた日にはサハリンという、世間一般の日本人にはなじみのない、文字通りの別世界がある。そこにあるのは石油・天然ガスのもたらす外貨によってめざましい変貌を遂げつつある、二一世紀のサハリンだ。さらに、サハリンには、かつての「樺太」――四〇万人の日本人が暮らした社会の面影や記憶が、今もなお、しっかりと残っている。

宗谷海峡の向こうにあるもの。それは言葉でも映像でも伝えきれない「何か」だ。そこはロシアであって、ロシアではなく、もちろん日本でもない。そんな「サハリンにある何か」は、実際にその場に立って、見て、感じなければ理解できないと思う。その「何か」を多くの人に経験してもらいたい。本書は、この知られざる観光スポットの魅力を伝えるためのガイドブックとなるべく構成されている。

まず、Ⅰでは、北海道とサハリン樺太を隔てる宗谷海峡の時代的なうつりかわりについて概観する。それは稚内が見つめてきた日本とロシアの対立・断絶・共存の歴史そのものといえるだろう。Ⅱでは、日露関係の黎明期を感じることのできる稚内の歴史スポットの魅力を紹介する。筆者の中川善博は稚内のガイドをさせたら右に出る者はいないという名人だが、その名調子をここでは活字で堪能できる。

Ⅲでは、かつて大泊《おおどまり》と呼ばれ、樺太の玄関となっていたコルサコフの観光スポットを、知られざるまちの歴史とともに解説する。コルサコフは小さいながらも見どころの多い、潜在的な観光資源に溢れていることがわかる。Ⅳでは、宗谷海峡越えから続く、もう一つの「国境」観光、いやすでにここは国境ではないのだが、かつて日本の敗戦までソ連との間に引かれていた、北緯五〇度線の陸の国境に向かう旅の楽しさをレポートする。刀祢館正明の筆が、初めて訪れたサハリンの魅力を活き活きと伝えてくれている。そして最後にⅤでは、「国境」を資産とした観光の可能性と航路復活に向けた提言をしたい。

「日本最北端」は諸刃の剣

さて「日本最北端」という看板をもつ稚内だが、観光地としてそれほどメジャーな存在とは言いがたい。札幌からＪＲ北海道の特急スーパー宗谷に乗って五時間以上かけて、ようやく稚内駅に着くと（ただし特急サロベツだと六時間近くかかる。旭川、いや名寄から先の遠いこと、遅いこと）、理由がよくわかる。明らかに稚内は初めてという人たちが「日本最北端の駅」というプレートに並んで、嬉しそうに写真を撮り始める。その顔は、たいてい達成感でいっぱいだ。稚内のツーリストは最北端に立つこと自体が目的で、稚内であれを見よう、これを食べようという旅の目的そのものに欠けている印象がある。しかし、稚内の観光地としての魅力は知られていないだけで、観光資源には事欠かない。

たとえば、スーパー宗谷や日本海沿いにオロロンラインを北上し車窓から眺めるサロベツ原野や利尻富士は、何度見ても美しい。特に夕暮れは格別だ。広大な日本海の海原と大空を、日本百名山の一つ、利尻富士の稜線がつないでいる。その均整美は、造物主に依怙贔屓《えこひいき》されたとしか思えない完璧さだ。そして、その横を北の大地を照らしていた太陽が、空と海の色合いを刻々と変えながら、ゆっくりと落ちていく。

ここが日本最北端！

宗谷丘陵の雄大さも、発電用風車の壮観さも一見の価値がある。若草色を帯びた海岸段丘の上に純白の風車が並び、海からの風を受けてゆっくりと力強く回転している。市内には七四基の風車があり、市内の電力の八五％をまかなっているという。それは来たるべき未来の光景といえるかもしれない。

広大な土地に広がる風車群

ラーメンは意外なほどに美味しい。塩ラーメンは絶品で函館にも遜色ない。定番のカニ、ウニ、コンブはもちろん、ホタテもツブも何でもうまい。何しろ、日本で唯一、オホーツク海と日本海を同時に味わえる場所なのだ。また、昔から海上交通の要衝であったため、蝦夷地と和人のかかわりをうかがえる、道内でも屈指の歴史スポットでもある。そう、もともと稚内は日本の中でも、外に向っても、ゲートウェイ、つまり交通の要路だった。だが、今では稚内といえば、日本最北端というイメージが日本人にはこびりついている。実際、宗谷岬に到達すること以外の目的で稚内を訪れようとする人をあまりみかけない。

というわけで、稚内観光にとって最北端以外を堪能するためにはストーリーが必要だろう。このまちを見て歩くときに欠かせないのが、この地域に潜んでいる宗谷海峡の、開かれたり、閉ざされたり、の歴史である。それはロシアとの関係に翻弄された歴史でもある。

※日本政府の見解は、言うまでもなく、択捉島《えとろふ》を「日本最北端」とする。

百年記念塔と「氷雪の門」碑

もし快晴の日に稚内に着いたら、絶対に行くべきは稚内公園にそびえる開基百年記念塔《かいきひゃくねんきねんとう》だ。一九七八年に建てられた塔の高さは七〇メートルだが、もともとが市街を一望できる丘陵の頂（海抜二五〇メートル）に位置している。だから、晴れた日には稚内の街並みをはじめ、宗谷海峡のすべてを眼下におさめることができる。利尻島、礼文島、そしてサハリン。かつて海馬島《かいばとう》と呼ばれたモネロン島（日本時代には漁場として栄え、小さいが豊かな漁村があったのだが、現在はほぼ無人島。ちなみにモネロンはラ・ペルーズ（Ⅱを参照）の親友の名前だ）などめったに見えないから、これが見えるとちょっと感動してしまう。

三方を海に囲まれた稚内ならではの、最北端のパノラマは、これだけでも来てよかったと思わせるものがある。ただし、山の天気はみずものだからご用心。

ノシャップ岬灯台とモネロン島を望む

一度、ツアーで記念塔を案内した。着いたときは快晴。先に塔内の施設に案内した。パノラマは学芸員の解説で歴史を十二分に学んだあとのほうが効果的だと思ったからだ。これは失敗だった。

解説が終ってエントランスにもどると、一面キリ、キリ。一〇メートル先も見えない。みんなあわてて展望台に上ったが、もちろん何も見えない。楽しかった旅の雰囲気が一変して苦情の嵐となった。以後、ツアーをお連れするときには、天気とパノラマを優先させることにした。

さて、この塔の階下部は北方記念館になっている。そこには、かつて宗谷海峡の向こうにあった日本時代の樺太の地図や写真が数多く展示されている。間宮林蔵による樺太探検の報告書「東韃《とうだつ》地方紀行」をスクリーンにしたパネルなど、質量ともに充実した展示で、稚内と樺太の歴史を体感できる。

熱心に聞き入る参加者たち

北海道やサハリンの地図が床にひいてある。その上にたってこれら展示を見ると臨場感も違う。国境観光の際には、この北方記念館に立ち寄って、樺太のイメージをふくらませておきたい。また、稚内公園には札幌出身で北海道を代表する彫刻家・本郷新《ほんごうしん》（一九〇五〜一九八〇）による「氷雪の門」のモニュメントがある。（氷雪の門は終戦時の樺太での日ソ戦争をテーマとし、一九七四年に製作された映画の名前である。冷戦下ゆえにソ連からの反発を招き、さまざまな波紋を呼んだ。）

宗谷海峡でつながるもの

海峡には二つの役割がある。ひとつは陸と陸をつなげることと、もうひとつは海と海をつなげることだ。つまり、宗谷海峡は、北海道とサハリンという陸のつながりの他に、日本海とオホーツク海という海のつながりという意味もある。そして、日本人は宗谷海峡に陸のつながりを求め、ロシア人は海のつながりを求めたことを知っておく必要がある。

一九五八年の愛琿条約と一九六〇年の北京条約により、ロシアは日本海沿岸の沿海州に領土を獲得した。ここにはロシア帝国の悲願というべき不凍港ウラジオストクがあった。特に軍事力をもって清朝を恫喝し、愛琿条約の締結に活躍した東シベリア総督ムラヴィヨフには、後にアムールスキー（アムールを獲得した者）の尊称が奉られた。

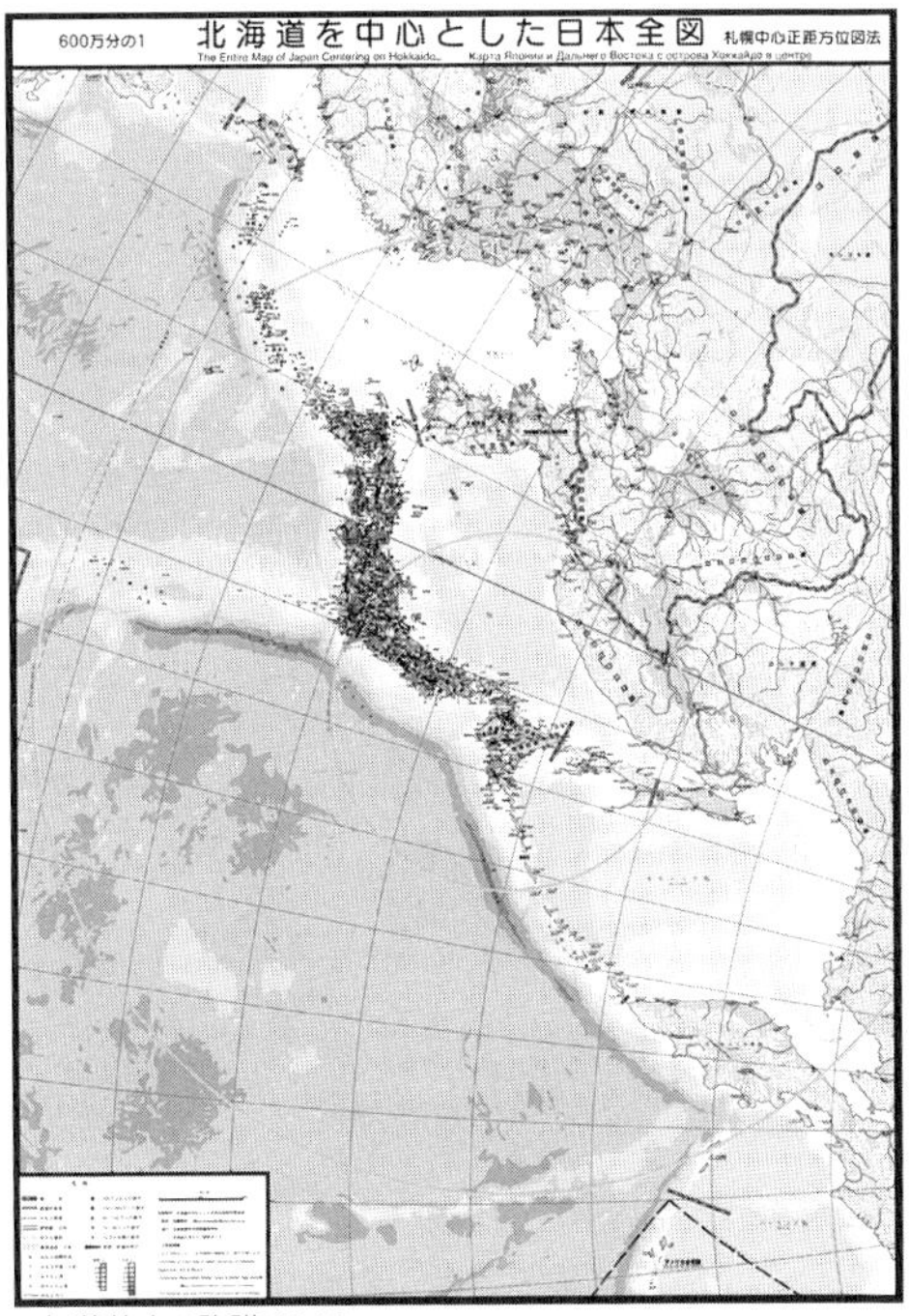

© 加藤敦史 / 許諾 16-12

海峡の意味がわかる北海道中心地図

しかし、このウラジオストクから外洋に出るためには、地図を見るとおわかりのように、ウラジオストクから外洋への出口は、対馬海峡、津軽海峡、宗谷海峡の三ヶ所しかない。このうち、対馬は古代からヤマトの政権による対外防衛の最前線となった地であり、津軽海峡も遅くとも一六世紀には松前藩による支配が確立しており、はっきりと「日本」の一部といえる土地だった。外洋への出口を確保できなければ、不凍港といえどもほとんど意味がない。だから、最後に残った宗谷海峡の航行権は、ロシアの東洋戦略の要といえるほど重要であり、サハリンはそのために是が非でも確保しなくてはいけない土地だった。

一方で、日本人にとってのサハリン島は、北方世界に展開した漁場の一部であった。鰊《にしん》、サケ、マスを主とする北方での漁業は、北前船と呼ばれた日本海航路の発展とともに、北海道が日本の経済圏へ取り込まれていくきっかけになっていた。特にⅡでも述べるように、肥料としての鰊粕《にしんかす》の需要は大きかった。江戸時代から大正の半ばくらいまでは、日本の農業を支えていたのは北方漁業による鰊粕であったといっても過言ではない。

ゆえに、日本もロシアもサハリン島は譲れない土地であった。日露の領土問題といえば今でこそ「北方領土」だが、一九世紀においてはサハリン（樺太）の領有問題であった。一八五三年からプチャーチン、ムラヴィヨフ、竹内下野守《たけうちしもつけのかみ》、小出大和守《こいでやまとのかみ》など日露使節団が何度も交渉を繰り返し、一八七五年に榎本武揚《えのもとたけあき》がペテルブルグで結んできた条約（樺太千島交換条約）により、日本がサハリン島の領有権を放棄する代償に、千島列島すべての割譲を受けて、一九世紀の領土問題は解決をみたのだった。

サハリン島を手に入れたロシア帝国は、この地を流刑地として経営した。すでにシベリア・沿海州と広大な未開発地域を抱えるロシアである。その果ての離島に尋常な手段では移民を送り出すことはできなかった。はるかウクライナのオデッサで囚人を詰め込んだ輸送船が、スエズ運河、紅海、インド洋、マラッカ海峡、南シナ海、日本海を踏破してサハリンを訪れるようになった。サハリンへ流されてきた囚人の数はのべ二万人を超えた。彼らの過酷な環境を憂慮したチェーホフは、一八九〇年に自らサハリン島を訪問し、およそ九〇〇〇名もの囚人たちのプロフィールを聴取して、一人一人を住民カードに記録し、これをもとに『サハリン島』（村上春樹の『１Ｑ８４』で引用され話題となった）を執筆した。

一方で、日本人は相変わらず、サハリン沿岸での漁業を続けていた。毎年春になると、設備一式とともにヤン衆（季節漁業労働者）たちが押し寄せ、鰊《にしん》やサケ、マスを漁っていた。その数は、年々増え続け、日露戦争直前には一万五千人にもおよんでいた。宗谷海峡は、国境の海とはいえ、北海道とは密接につながっていた。だが、その乱獲ぶりに恐れをなしたロシアは、日本人漁業への制限を強めていった。すでに朝鮮や満州での利権をめぐる日露の対立は深刻な段階にあったから、その影響もおそらくあっただろう。

クリリオン岬から宗谷海峡を望む

そして、一九〇四年にとうとう日露戦争が勃発する。この戦争でもサハリンは最終段階で戦場と化していた。旅順要塞攻防戦《りょじゅんようさい》、奉天会戦《ほうてんかいせん》、日本海海戦に勝利した日本は、来たるべき講和条約を有利に導くために、ロシア領を一部でも奪っておく必要があると判断した。そこで、新たに第十三独立師団を編成して、一九〇五年七月、サハリン攻略に向かわせたのであった。このとき「流刑地のサハリン島民、所詮は罪人だ」という偏見が多くの悲劇をつくった。

とはいえ、講和条約で日本に割譲されたのは島の南半分のみで、それが新領土・樺太となった。宗谷海峡は、樺太へ移住する人びとから「しょっぱい川」と呼ばれるようになった。外海が内海になり、人々が頻繁に往来する航路となったからだ。ただし、一九二〇年代に至るまで、樺太行きの船が出て行くのは稚内ではなく小樽《おたる》だった。稚内が樺太へのゲートウェイとなるのは、一九二三年の稚泊《ちはく》連絡航路の就航を待たなくてはならなかった。

稚泊連絡航路　一九二三〜四五

一九二二年に北海道の鉄道線がようやく稚内まで延伸されると、樺太の人びとはその輸送力を活用するため、稚内からの定期航路を熱望した。これを受けて、翌年に就航した連絡船が、関釜連絡航路（下関〜釜山間）を走っていた対馬丸（一六七九トン）と壱

北防波堤ドームと稚泊航路記念碑

岐丸（一七七三トン）であった。二隻は氷結した冬の宗谷海峡を渡れるようにと、砕氷船に改造されてはいたが、凍り付いた海原で定期航路を維持する厳しさには想像以上のものがあった。そこで、本格的な砕氷船の亜庭《あにわ》丸（三二九八トン）と宗谷丸（三五九三トン）が新造され、稚泊航路は夏季は一日一往復、冬季も隔日往復を原則とし、稚内と大泊の間を八時間でつないだ。

この時代の宗谷海峡は、まさに「しょっぱい川」であった。稚内の埠頭には、冬の旅客たちを風雪から守るため、長大なドーム屋根が築かれた（Ⅱを参照）。また、大泊では凍った海上で直接貨物を搬出する氷上荷役《ひょうじょうにやく》が冬の風物詩となった。稚泊航路は、まさに稚内と樺太のつながりの象徴であった。一九四五年八月、樺太はソ連軍に占領され、稚泊航路も途絶えた。いまは二二年間のつながりを物語るモニュメントが、北ドームのそばにある。

断絶の時代　一九四五〜九一

戦後の樺太は、ソ連の支配するサハリン州となり、宗谷海峡は東西冷戦の最前線となった。海峡は実は初めての、そして長い断絶を経験することになった。大泊はコルサコフと名を変え、海峡防衛の要として軍港に指定され、外国人の立ち入りは厳しく制限されることとなった。そして、稚内ノシャップ岬にはソ連の通信傍受を目的とした米軍の基地がつくられ、密かに「敵」の気配を探っていた。

米軍は一九七二年に撤退し、代わりに自衛隊の基地が置かれた。もう稚内には「基地の町」の面影はない。だが、かつての米軍基地の名残として、「米軍バーガー」を出してくれる店デノーズが稚内駅前にある。初代オーナーが以前、基地で働いていたということで、断絶の時代がもたらした稚内グルメといえよう。機会があれば、是非味わってみてほしい逸品である。

断絶の時代を語る上で欠かせない事件が、一九八三年九月一日に起こった大韓航空機撃墜事件だ。二六九名の乗員乗客を乗せたKAL〇〇七便がサハリン上空を通過したため、ソ連防空軍の戦闘機によって撃墜されたのである。このとき、稚内のレーダーサイトは、〇〇七便の機影が消滅した瞬間をはっきりと捉えていた……。当時、北海道の小学生だった筆者は、民間機さえ問答無用で攻撃するソ連軍に恐怖を覚えた。なお、この事件の慰霊碑が宗谷岬平和公園に建立されている。

一九九一年のソ連崩壊は、宗谷海峡の断絶の歴史が終わったことを意味した。とはいえ、半世紀近くにわたってひきさかれたつながりは、そ

犠牲者を偲ぶ 祈りの塔

うやすやすとは戻らなかった。サハリンでは体制転換の混乱が続き、稚内も戦前とは様変わりしていった。北海道からサハリンへの直通便ができる前には、千歳~新潟~ハバロフスク~ユジノサハリンスクという遠回りが必要な時代もあった。北海道とサハリンは、まさに近くて遠い隣人だったのである。

稚内コルサコフ定期航路

稚内とサハリンのつながりを復活させたのは、ロシアの船乗りたちだった。船員の特例上陸制度（乗員証明書を提示して所定の手続を行うことで、補給や休息を目的に上陸を許可される制度）を活用し、稚内に上陸した彼らは、さらに札幌行きの長距離バスを利用して、日本製品を買い込むのだ。稚内市サハリン課の中川善博によると、この制度の利用者数は一九九〇年には三六〇二人、九一年五四五九人、九二年一五四六五人、九三年二二三九七人と激増していた。稚内とサハリンは再び遠くない隣人になった。そんな中で、一九九四年にサハリンの船舶会社が稚内~コルサコフ間の航路を開設した。特例上陸の船員数はさらに増え、ピークの一九九七年には七八二九一人を数えた。

一九九九年には日本のフェリー会社がこの航路に参入した。当時のサハリンでは、石油天然ガスのプラントの開発のために多くの外国人技術者が生活しており、稚内からの船便が彼らの生活ニーズを満たしていた。しかし、プラントの建設が一段落し、さらにオイルマネーの恩恵がサハリン経済を一変させると、稚内からのフェリーへの依存度は減少していった。サハリン観光のお得意さんは、何といっても旧島民の人びととその家族であったが、時代とともに、かつての故郷を訪ねる人びとも少なくなっていった。後に改めて述べるように、この航路は存亡の危機を迎えている。

ではキング・オブ・国境観光の魅力をたっぷりと紹介しよう。

JR 稚内駅

サハリン州行政府

コラム　さいはての国土・樺太を目指した人びと

樺太と文学者といえば、宮沢賢治《みやざわけんじ》（コラム「銀河鉄道は通ったか」）が有名だが、それ以外にも、樺太を訪れた人びとは多い。ある者は荒んだ生活の果てに、ある者は富への野心を抱えて、まためる者は未知なる大地への探究心を胸に秘め、そしてある者は、自らの信ずる理想の社会へのゲートウェイとして、樺太にその足跡を残している。

まずは志賀重昂《しがしげたか》。『日本風景論』を代表作にもつ地理学者であり、日露戦争では二〇三高地の攻略戦に従軍し、乃木希典《のぎまれすけ》から有名な漢詩「爾霊山《にれいざん》」の添削を依頼されるほどの文章家でもあった。彼は一九〇五年八月、日露戦争終結直前に自ら求めて樺太に渡り、占領下にあった北部の街アレクサンドロフスク（亜港《あこう》）で、小なりともロシアの都市を我が国が掌中におさめたことに感激していた。その後、北緯五〇度国境線の画定事業でも活躍している。

次に柳田国男《やなぎだくにお》。『遠野物語』で知られる民俗学者の柳田は、一九〇六年に農商務省の官僚として樺太を視察していた。それは後に「樺太紀行」と題した随筆にまとめられている。ドタバタした新領土の問題点が卓抜なる視点で活写されている。

同じく一九〇六年に樺太に渡った人物が野口雨情《のぐちうじょう》。童謡「七つの子」「赤い靴」「シャボン玉」などで知られる詩人だが、ポロナイ河と東海岸の国境地帯に赴き、先住民族のニブフとウィルタをテーマにした随筆「樺太東海岸の土人」を残している。雨情が樺太にわたってきた経緯については諸説あり、いわゆる「一旗組」として芸者とともにコルサコフに赴き、しかもその芸者に金を持ち逃げされ、窮迫して東京へ戻ったという説や、国境画定事業に参加していたのだという説がある。

さらに、岩野泡鳴《いわのほうめい》。「耽溺《たんでき》」「毒薬を飲む女」などで知られる詩人・小説家。破天荒な彼の人生の中で、樺太で蟹缶詰工場事業を立ち上げて失敗したという件《くだり》は、最も活動的なエピソードとして知られている。工場の経営は実弟任せにしていた泡鳴だが、その弟が病気になったため、樺太にやってきたのは一九〇八年六月のこと。結局、弟には会わず、偶然知り合った樺太庁の高官・中川小十郎《なかがわこじゅうろう》に随行して、とうとう国境を越えてしまうのは、いかにも泡鳴らしい。その旅の様子は「樺太通信」と題して新聞に連載された。

詩集『邪宗門』や童謡「この道」「ペチカ」「待ちぼうけ」などで知られる北原白秋《きたはらはくしゅう》も、一九二五年に吉植庄亮《よしうえしょうりょう》と連れ立って、鉄道省の主催するツアーの一員として樺太を旅している。その様子はユニークな紀行文『フレップトリップ』などにまとめられた。ちなみにほぼ同じ時期に皇太子時代の昭和天皇の樺太行啓があった。

忘れてはならないのが新劇女優の岡田嘉子《おかだよしこ》。一九三八年一月三日、彼女は愛人の杉本良吉《すぎもとりょうきち》とともに樺太の国境線を越え、理想の社会と信じたソヴィエトに亡命した。だが、ソ連当局からはスパイという疑惑を持たれ、杉本は銃殺、岡田嘉子も自由剥奪刑を宣告され、収容所送りとなった。

（井澗裕）

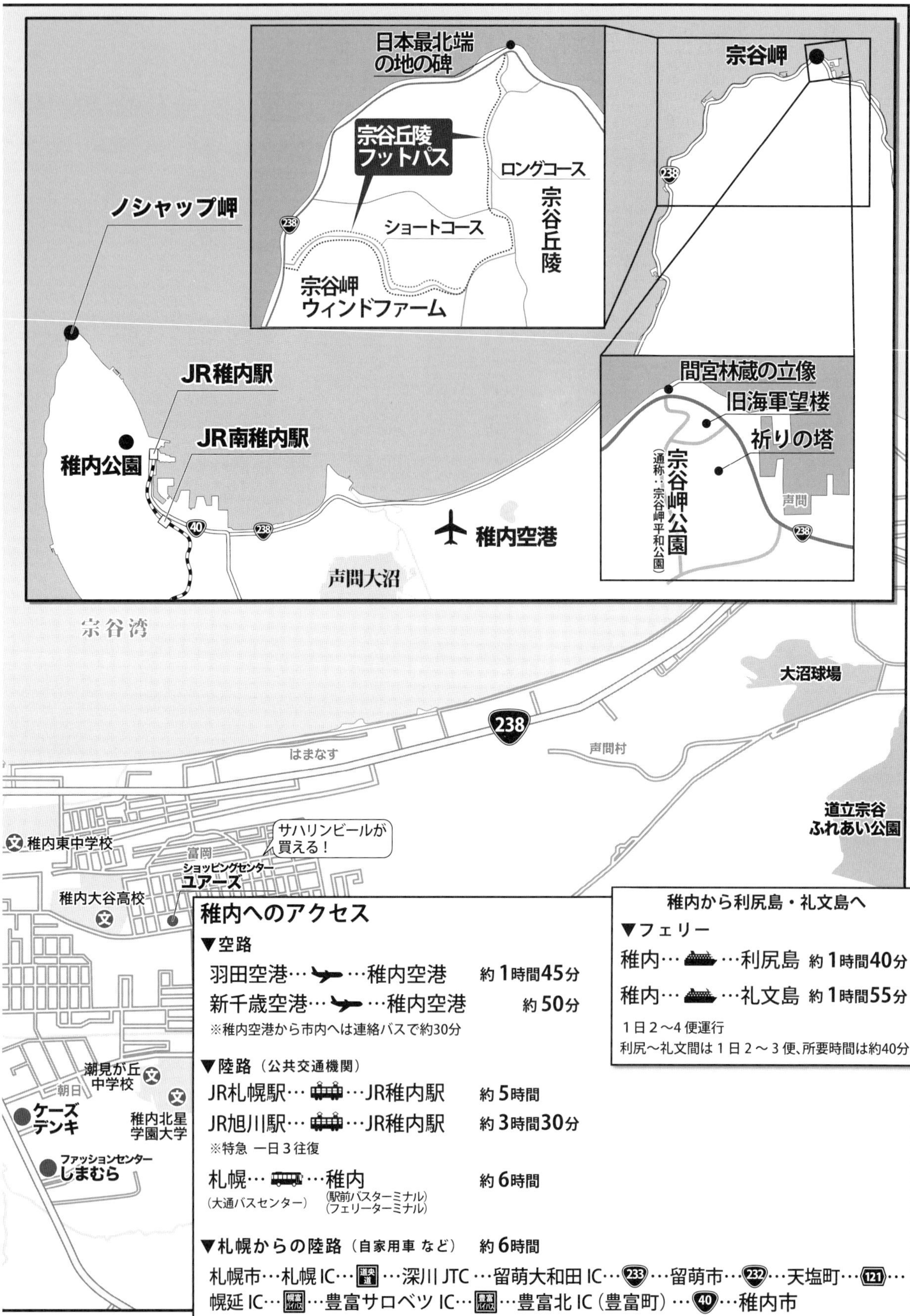

稚内へのアクセス

▼空路

羽田空港…✈…稚内空港　約1時間45分

新千歳空港…✈…稚内空港　約50分

※稚内空港から市内へは連絡バスで約30分

▼陸路（公共交通機関）

JR札幌駅…🚃…JR稚内駅　約5時間

JR旭川駅…🚃…JR稚内駅　約3時間30分

※特急 一日3往復

札幌…🚌…稚内　約6時間

（大通バスセンター）　（駅前バスターミナル）（フェリーターミナル）

▼札幌からの陸路（自家用車 など）　約6時間

札幌市…札幌 IC…道央道…深川 JTC…留萌大和田 IC…233…留萌市…232…天塩町…121…幌延 IC…幌富バイパス…豊富サロベツ IC…豊富バイパス…豊富北 IC（豊富町）…40…稚内市

稚内から利尻島・礼文島へ

▼フェリー

稚内…⛴…利尻島　約1時間40分

稚内…⛴…礼文島　約1時間55分

1日2～4便運行

利尻～礼文間は1日2～3便、所要時間は約40分

開基百年記念塔
旧稚泊航路桟橋
(北防波堤ドーム)
JR稚内駅
バスターミナル・キタカラ
フェリーターミナル(利尻・礼文へ)
国際旅客ターミナル
稚内副港市場
稚内中央
小学校
254
氷雪の門
稚内公園
宝来
ANAクラウン
プラザホテル
日本最北端
の映画館
ドーミーイン稚内
稚内市役所
北市場
中央アーケード街
お店にロシア語
の看板あり
稚内病院
宗谷本線
稚内港
うろこ市
稚内森林公園
キャンプ場
アウトレット
卸売スーパー
旧瀬戸邸
港
新港町
ロシア料理
ペチカ
新末広町
稚内警察署
オレンジ通り(飲食店街)
末広
106
ツルハドラッグ
稚内地方
合同庁舎
稚内港
小学校
稚内グランドホテル
南稚内駅
西條
旅館東方館
ホテル奥田屋
40
稚内南
中学校
稚内南
小学校
稚内市立図書館
南中ソーラン
発祥の地
ラルズプラザ
稚内緑体育館
稚内簡易裁判所
稚内東
小学校
稚内ユースホステル
緑
栄
稚内高校
萩見
こまどり
スキー場
みどり公園
市民球場
シティ
わっかない店
ホーマック
ゲオ
こまどり
新光町
0
500
1000m

Ⅱ　稚内
――サハリンに向き合う国境のまち

旅先で「気軽な昼食」などと思い、そば屋の暖簾をくぐる。「伝統的なメニュー」という扱いになっている「鰊《にしん》そば」を眼に留める。鰊の漁場どころか、海から遠く離れている地域でさえも、そういうシーンに遭遇することがある。鰊そばに用いられる「身欠き鰊」は、漠然と想像する以上に海路を介した物流網が発達していた江戸時代、現在の北海道から各地にもたらされ、甘露煮などの調理法が各地で工夫されて、それが「伝統的なメニュー」という扱いになっている鰊そばに利用されているのである。

鰊そばを啜《すす》りながら、稚内もまた江戸時代辺りには、各地にもたらされた産物を送り出す場所だったことを想う。必ずしも「端」ということではなく、各地と結び付く物流網の一部だったのだ。

わっかない…ワッカナイ…稚内…

海路を介して各地と結び付くことによって、歴史に登場した稚内ではあるが、現在でも「地のはて」のような感さえ抱きかねないような土地である。

北海道内の「隣りの市」と言っても、オホーツク海側の紋別市が約二一〇キロメートル、日本海側の留萌《るもい》市が約一九〇キロメートル、内陸の名寄《なよろ》市が約一七〇キロメートルだ。眼を転じて宗谷海峡を越えると、コルサコフ市が航路の距離で約一五八キロメートルと、余程近い位なのだ。サハリン島の南端部にあるクリリオン岬は、宗谷岬から四三キロメートル程度で、一流のマラソンランナーが二時間余りで走破してしまうような距離だ。

稚内市の市域は、「北海道」という島の北端部を占めており、海岸線だけで延長が九〇キロメートルに及び、東西に約三八キロメートル、南北に四〇キロメートル弱の範囲に拡がっている。面積は約七六一平方キロメートルに及ぶ。

稚内には空港もあり、東京の羽田空港との間を往来する便もある。その羽田空港をもつ東京都特別区（二十三区）だが、面積は約六二七平方キロメートルであり、稚内市より狭い。

稚内市内にある副港市場

例えば羽田空港に飛んで、都内に出ようとすれば、何となく山手線の駅を基準に行動を考える地方在住者は多いと思われる。山手線には二十九の駅があるというが、もっとも乗降客が少ない駅は、「乗換が出来ない」鶯谷《うぐいすだに》駅だ。鶯谷駅の一日の乗降客は四万六千人程度らしい。稚内市の人口は、これより少ない三万六千人程度だ。

稚内市は「東京二十三区より広い地域に、鶯谷駅の一日の乗降客より少ない人々が住む」まちである。

「ロシアの影」と共に歴史の頁に現れた稚内

北海道は永く「蝦夷地《えぞち》」と呼ばれ、現在の大きな都市があるような地域も原野や山林であった時期が長い。他方で、沿岸部は比較的早くから海路を介した各地との往来が見受けられた。現在の稚内市内にあっても、宗谷場所は一七世紀には拓《ひら》けていた。そして、想像以上に大胆な交易が続いていたのである。

大規模な戦乱を免れたことから、商業や物流、あるいは遠隔地間の取引の仕組が想像以上に発展した江戸時代、宗谷場所もそうしたネットワークの一部に組み込まれ、言わば「海のハイウェイ」の「サービスエリア」のような役目を担っていた。日本海を介した各地に加え、樺太との往来も見受けられ、稚内は「端」ではない場所であった。

宗谷海峡を望む

江戸時代の日本国内では、海路輸送を担う船は専《もっぱ》ら沿岸を航行する能力しか持ち合わせなかったが、諸外国では遥かな海の彼方の富を求めて航海を行う船がどんどん登場する時代に入っていた。

一八世紀後半に至り、諸外国の影が日本近海に見受けられるようになっていく。そうした「影」の代表的な存在がロシアだった。日本の江戸時代というものは、ロシア史では「帝国の拡大」というような動きを見せていた時代に相当する。

アダム・ラクスマン指揮下のロシアの船が、漂着していた大黒屋光太夫《だいこくやこうだゆう》たちを連れて来航した一七九二年、明確なかたちでロシアの存在が日本の前に突きつけられた。

もっぱら沿岸を航行していた当時の日本の船は、針路を失って外洋に出てしまうと、海流のなすまま漂流するほかなく、大黒屋光太夫は遥か北方に流れ着いてロシア入りした。彼らの以前にも、日本人がロシアへ漂着した事例があったようだが、大黒屋光太夫は現地で協力者を得て運動し、初めて帰国を果たしたのだ。

漂着民を送り届けたラクスマンは、ロシア側が通商関係樹立を希望している旨を江戸幕府側に伝えたが、幕府側はそれを容れなかった。そして「長崎への入港を認める」という意味の信牌《しんぱい》（入港許可証の一種。もともとは清が朝貢国に与えていたもの）をラクスマンに授け、ラクスマンは引揚げた。

一八〇四年になると、ラクスマンがロシアへ持ち帰った信牌を携えたニコライ・レザノフが長崎に来航した。レザノフは「皇帝親書を携えた正式な使者」が、信牌を手に来たのであるとし、通商関係の樹立を強く求めた。が、幕府は半年近くも彼らを出島に放置するような対応に終始し、一八〇五年に至って、通商関係樹立の要求を幕府が容れない旨が伝えられると、「侮蔑的な対応を受けた」との激しい憤りを胸に、レザノフは引揚げた。

この一件は、レザノフの部下であるニコライ・フヴォストフが樺太や択捉などで番所や村落を襲撃する事件、それを受けて幕府が武士団を送り出した北方警固、一八一一年に発生したゴローニン事件（千島列島でロシア艦の艦長が幕府の役人に逮捕拘禁され、艦長奪還を目指すロシア艦側が日本の商人、高田屋嘉兵衛《たかだやかへえ》を拘束した事件）等の引鉄《ひきがね》となったとも言える。

現在の稚内市が「歴史の頁」に判りやすいかたちで姿を見せるのは、「ロシアの影」に関連する出来事も起こっていた、この頃のことなのである。

「稚内の物語（＝歴史）」を巡る

宗谷公園

江戸時代を通じて、「海のハイウェイ」の「サービスエリア」のような役目を担っていた宗谷場所の一部は、現在は宗谷公園となっている。必ずしも多数の観光客が立寄るでもない公園で、稚内市街から宗谷岬へ向かう道筋の途中にある。

鳥居の表には「奉納　天明寅壬月吉日　宗谷御場処」と書かれている

宗谷公園を訪れた人達をまず迎えてくれるのは、「宗谷厳島《いつくしま》神社」の二本の鳥居である。二本の鳥居の柱には各々「文政六年」（一八二三年』）、「天保六年」（一八三五年）と刻まれている。稚内市内では貴重な、古くからの人の営みを伝えてくれる存在でもある。

レザノフの一件の後、フヴォストフが各地を襲撃する騒ぎが起こると、江戸幕府は「北方警固」として東北地方各地の武士達を北海道方面へ送り出した。一八〇七年、一八〇八年には幕命を受けて津軽家、会津松平家が各々家中の武士達を宗谷に派遣している。公園には、この北方警固の事跡を伝えるものがある。

古い鳥居の宗谷厳島神社から公園内を進むと、大きな楕円形の真中に筋が刻まれたような、不思議な型をした記念碑が見える。この型は珈琲の豆を象ったものだ。

江戸時代、珈琲は「極々限られた日本人」が口にしただけであると見受けられるのだが、これに「薬効がある」と見なされ、北方警固のために津軽から宗谷にやって来た武士達が口にしていたと伝えられる。これが、「日本初かもしれない」というお話だ。

ロシアとの摩擦を受けた北方警固の後、一八五〇年代にも主に東北地方各地の武士が北海道に同様に派遣されている。津軽の武士達が珈琲を口にしたのは、この一八五〇年代のことと考えられている。一八〇七年の初めての北方警固で、津軽の武士達が派遣された時、珈琲豆は宗谷

二本鳥居を抜けると宗谷厳島神社の神殿がある

に届かなかった。そうしたことから、「日本初の珈琲」という意味に加え、「珈琲を口にせずに亡くなった皆さんを悼む」という意味も込め、青森県弘前《ひろさき》市内にお住まいの珈琲店の方が発案し、多くの方の募金等もあって建立された「津軽藩兵詰合《へいつめあい》記念碑」は、珈琲豆を象ったのである。

珈琲豆をかたどった記念碑

さらに進むと、小ぶりな石柱が並んでいる場所がある。これは各地から北方警固で宗谷にやって来た人たちの中、当地で他界した皆さんを葬ったと伝えられる墓地である。数が多いのは会津松平家中の武士達であることから、「会津藩士の墓」と呼び習わされている。ここに会津若松の老舗蔵の日本酒が供えられている場合さえ見受けられる。

一八〇八年、会津松平家は「望んで」武士達を北方警固に差し向けた経過がある。会津松平家では、派遣人員について幕府が「人数五百程」としたものを「動員・派遣可能な人員の殆ど全て」とも目される「一五〇〇名以上」を派遣したのだった。

彼らは宗谷に入って、ここを「本陣」とし、一部は利尻島へ、さらに別の一部は樺太へも渡っている。ここでロシア側との交戦状況こそ発生していないが、慣れない気候や、日頃口にしていた生鮮品類が極端に不足したことなどにより、体調を崩す者も多く、死亡した者もあった。そうした死者を弔うべく、墓所が設けられたのである。

一八〇八年頃の宗谷には、北方警固の武士達が溢れていたことであろうが、そんな頃に間違いなく宗谷に居たはずの重要人物がいる。間宮林蔵《まみやりんぞう》である。北方警固が行われる契機となってしまったフヴォストフによる択捉島《えとろふとう》襲撃の事件の際、間宮林蔵は択捉島にあったという。艦載の大砲の前に、為す術が無かった状況を「不面目」と感じた間宮林蔵は、宗谷に移る中で樺太の踏査を思い立ったとも言われる。

間宮林蔵は、一八〇八年には松田伝十郎《まつだでんじゅうろう》と連れ立って、一八〇九年には単独で樺太を踏査したという。一八〇八年には厳冬期が近付くことを警戒し、島の北端部周辺に至らずに引揚げたが、再度単独で出発した一八〇九年には、樺太が島であることを目視して確認したことに加え、現地住民に同行してアムール川を遡り、大陸にも足跡を記している。

参加者を魅了した現地解説

一八〇八年の宗谷で、多数入って来た武士達の傍らで、間宮林蔵は樺太探検の構想を練っていたかもしれない。「ほぼ間違いなく足跡を残した」と見受けられる宗谷場所の一部であった宗谷公園には、間宮林蔵の「顕彰碑」が設けられている。「会津藩士の墓」辺りに古い池があり、脇の小さな坂を上った辺りに、間宮林蔵の小さく可愛らしい胸像が据えられている。それが「間宮林蔵顕彰碑」である。

宗谷公園という場所は、稚内が歴史の頁に明確に姿を現した時代に想いがめぐるような場所である。

宗谷岬平和公園

宗谷公園辺りから宗谷岬を目指す場合、もちろん天候にもよろうが、「フットパス」として整備された細い道を通り、宗谷丘陵の独特な景観を眺めながら向かうのが良い。丘陵の景観を楽しみながら辿り着く、海峡を望む高台が「宗谷岬平和公園」である。

この高台から、気象条件が良ければ見えるサハリンの島影を望むのだが、外国では眼前の「宗谷海峡」はそのように呼ばれていない。一七八七年にフランス人の航海家であったラ・ペルーズが通過し、それを欧州に伝えた故事にちなみ「ラ・ペルーズ海峡」と呼ばれている。

圧巻の宗谷丘陵

「五〇トンクラスのフリゲート艦二隻を連ねる」という船団で、フランスから大西洋を越え、南米のチリ、ハワイ、アラスカをめぐり、サハリン近海、千島列島を経てカムチャッカ、さらに「仏領ポリネシア」として知られている海域など通って、一七八八年にオーストラリア周辺に至って消息を絶ったというラ・ペルーズは、フランス南部の、日本では画家ロートレックの故郷としても知られるアルビ出身だ。まちには銅像もある。

アルビに「ラ・ペルーズの足跡を訪ねる」というような活動をしている市民がおり、稚内へやって来ている。そうした人たちと交流をしている市民も稚内にはあって、そのような縁から「海峡通過」から二二〇年になる二〇〇七年、アルビから贈られたプレートを添え、宗谷岬平和公園内に記念碑が設けられた。ラ・ペルーズのポートレートとフランス語の刻まれたプレートは、丘の上から海峡を見詰め続けている。記念碑が海峡を見詰め続けていることを取上げたが、ここには、本当に「海峡を見詰め続ける」というような活動が行われた痕跡も残っている。

正しく「海峡を見詰める」という位置に、石造の小さな塔のようなものが据えられ、上に上るための階段も設けられているのが眼に留まる。この施設が「旧海軍望楼《ぼうろう》跡」で、日露戦争の歴史を伝えるものである。日露戦争当時、「バルチック艦隊来襲」という話があった。欧州から、アフリカを廻ってインド洋に出て、南側から日本近海へ北上し、ウラジオストクに向かうと考えられていた。

ラ・ペルーズの記念碑

目的地のウラジオストクが近付いたあたりでの行動として①対馬近海から日本海に侵入、②太平洋側から津軽海峡を経て日本海側へ、③北海道の東側を迂回し、宗谷海峡から日本海側へ、という可能性が考えられた。そこで、来襲する艦隊が③の動きを見せた場合に電信で動向を連絡する目的で、宗谷岬に望楼を設けたのである。

バルチック艦隊は、サンクト・ペテルブルグに近いクロンシュタット港から苦難の長旅を経ている。ウラジオストクを目指すには、最短経路の対馬沖通過以外に考えにくい状態にあり、実際に対馬近海を目指す針路を進んだ。日本の連合艦隊側でも、最短コース以外は困難とみて、対馬沖での戦いに備えており、実際に対馬沖で「日本海海戦」を戦った。宗谷岬の望楼では、バルチック艦隊の姿を視ることは無かった。戦いの顛末は、後から伝えられたことであろう。

旧海軍望楼跡

望楼は、戦いに備えながら、結局戦闘には至らなかったという史実を伝えるが、少し下った時代には海峡で戦闘が行われた経過もあり、望楼の傍にはそういう史実を伝えるモニュメントも設けられている。

海峡で戦闘が行われたのは、日露戦争の時代から四〇年程後の第二次大戦下のことである。第二次大戦下、米海軍の潜水艦が宗谷海峡に展開し、「通商破壊作戦」を実施していた。軍の艦船の他、各種の輸送船等も撃沈してしまう行動であった。こうした行動に対し、当時、稚内港に船が待機して洋上を巡回し、敵艦発見時には交戦もしていたのだが、大沼を基地として水上飛行機を飛ばしての巡回、必要な場合には交戦という行動もあった。

宗谷海峡に展開した当時の米海軍の潜水艦として、ワフー号(Wahoo)は大きな戦果を挙げていた。一九四三年一〇月、大沼から巡回に出た水上飛行機が浮上航行中の同艦を発見し、海上の船も発見海域に急行した。上空からの爆雷投下を含む攻撃で、艦は沈没してしまった。一九九〇年代に至り、この艦に乗艦していた人達の一族など、関係者が稚内を訪ね、稚内在住の旧海軍関係者等と交流を持っている。一九九五年から、関係者による調査も行われており、そうした経過から、戦いを伝えるモニュメントの製作という話が持ち上がり、公園内にそれが設置されているのだ。

旧海軍大湊《おおみなと》通信隊稚内分遣隊幕別《まくべつ》送信所

宗谷岬平和公園で戦史にまつわる場所を挙げたが、関連分野で、他にも重要な場所はある。

宗谷岬側から稚内の市街へ向かう途中に稚内空港があるが、そこから内陸に入ったあたりに、旧い煉瓦造の建物等が見受けられる一画がある。ここが旧海軍の「大湊通信隊稚内分遣隊幕別送信所」の址《し》ということになる。

この施設は一九三一（昭和六）年に新設された後、一九三七（昭和一二）年に部隊の規模が拡大され、一九四一（昭和一六）年に

旧海軍大湊通信隊稚内分遣隊幕別送信所

現在の『址』に残る施設群が完成した経過がある。

当時は「軍の人達が出入りしている場所があるようだ」という程度のことしか一般には知られていなかったが、この施設は重要な通信の中継を行った経過がある。太平洋戦争開戦時、ハワイを目指した艦隊に「新高山、登レ一二〇八」の暗号電報を中継したというのだ。さらに、少し前に『硫黄島《いおうじま》からの手紙』という映画が在った。あの米軍に抗戦した日本軍の指揮を執った栗林中将が一九四五（昭和二十）年三月十七日に送った「決別電報」を中継した経過もあるという。この施設は、軍首脳部とつながっていた施設だった。

施設は地元有志によって管理されており、事前に連絡を取ってから、案内をお願いして訪ねなければならない場所であるため、訪ねてみたい場合にはしっかりした予定を組む必要がある。

稚内港北防波堤ドーム

稚内駅が「端」ということになったのは戦後のことで、稚内が「国境のまち」となったのも同時で、あえて言うが「わずかに」七〇年のことである。宗谷場所があった宗谷公園や、宗谷岬をめぐり、稚内駅周辺に戻るとそんなことを感じずにはいられない。

稚内は稚泊航路、稚斗《ちと》航路の発着港となることで、最も著しく発展した。現在の南稚内駅が「稚内駅」として開設された一九二二（大正一一）年、旅客数は年間で五万三二二九人であったと伝えられるが、稚泊航路や稚斗航路の運航後の一九二四（大正一四）年には二四万七〇三〇人と、おおむね五倍に及ぶ勢いで増えている。

稚内は「端」ということではなく、鉄路で他の地域と結び付き、古来の海路は「汽船による航路」に様態を改め、「樺太との結節点」としての性質をまもり続けていた。

そういう時代に、往時は屋蓋式《おくがいしき》防波堤と呼ばれた北防波堤ドームが建設されている。一九三一年から一九三六年の五年がかりで建設されたコンクリート製の建造物だ。屋蓋式防波堤が築かれる以前、埠頭は強風に晒され、さらに高波も直撃するような状況で、旅客や貨物を扱うには大変に危険な状態でもあった。そこで「屋根でも付けるか？」ということになったようだ。当時、若きエンジニアが導き出した答えは「コンクリートのアーチ型橋梁を建設する技術の応用」というものであった。

北防波堤ドーム（1996 年）

架橋する川を横断し、道幅に合わせて造るアーチ橋梁に対し、屋蓋式防波堤の場合は、アーチを半分に切った型の型枠を、「屋根の幅」に相当する延長四二七メートルにわたって築き、コンクリートの重さでアーチの半分の型の長い屋根が崩れないように太く頑丈な七〇本の柱の列を組みあわせた。

この屋蓋式防波堤は一九四五年まで、樺太との間を往来する航路が発着する場所として利用され続けた。そして一九七八年の再建にあたり「稚内港北防波堤ドーム」と呼ばれるようになり、稚内港の歴史を伝える存在となっていった。

針路を北東へ！

宗谷海峡を往来する航路が、海峡に還って来るまでには半世紀を要した。

日本の元号が「平成」に改まる時期、サハリンと北海道の善隣友好、各分野での交流を拡げる機運が盛り上がったのだったが、他方で「両地域を直接結ぶ、誰でも利用出来る交通路がない」という、リアリティーを欠く「かけ声だおれ」な状況が暫く続いた後、一九九五年から稚内・コルサコフ航路が登場したのだった。

サハリン州・北海道友好都市交流サミット記念碑

一九九五年当時は、航路の「開設」と一般には言われたが、稚内では「開設」とはあまり言わなかった。「半世紀の沈黙を破って海峡に航路が還って来た」という意味を込め「復活」と言っていた。「稚内・コルサコフ航路開設」の際に稚内で用いられた「復活」という語には、「当然そうあるべき状態に復した」という含意があるように思える。

稚内という場所は、「樺太との間を結ぶ交通路の上」にあるのが、古くからの「当然そうあるべき状態」であると、地元では考えられているので、「復活」と言わなければならなかったのだ。

稚内・コルサコフ航路は、二〇一五年まで、「途切れずに」北海道とサハリンの両地域を結び続けた。最近二〇年間程の様々な変化の中であっても、大きな役割を果たして来た（後述するように、二〇一六年から休止中）。そして将来にも期待は寄せられている。稚内が「各地と結び付いている」ということで、その可能性を拡げて行く上で、稚内・コルサコフ航路は不可欠なのだ。

稚内・コルサコフ航路は、二〇〇八年に中央埠頭にオープンした国際旅客ターミナルで発着している。ターミナルで乗船し、稚内港の歴史を伝える稚内港北防波堤ドームを望みながら、北東へ針路を取る船で旅立つと、行き着く先では生産量の大半を日本に送り出しているという液化天然ガス工場が見え、やがて一九二〇年代に整備された桟橋上に荷役クレーンが林立する、コルサコフ港に至る。

液化天然ガス工場

コラム

銀河鉄道は通ったか

　詩人で童話作家の宮沢賢治《みやざわけんじ》（一八九六〜一九三三）が、若い頃に南樺太を訪れたことがある。岩手の花巻《はなまき》から鉄道と連絡船を乗り継ぎ、四日目の午後、オホーツク海に面した栄浜《さかえはま》駅に降り立ったのは、いまから九〇年以上前、一九二三（大正一二）年八月三日のこと。

　栄浜は当時、列車で行ける日本の最北端の駅だった。前年に最愛の妹を亡くし、その魂を追って北へ向かったといわれている。

　にぎわっていたらしい。だがスタロドゥプスコエと呼ばれる現在は、駅舎もホームも線路も見あたらない。通りがかった主婦や若者にたずねたが、わからないという。牛が食事していた草むらをかきわけ、あちこち探して回ると、枕木の跡やホームの一部と思われる跡がかろうじて見つかった。

　駅跡から車で北へ十分ほど走ると、右手に海岸、左手に川、そして湖が見えてくる。この日は快晴だった。新聞の連載で私は「海、川、湖、山の三六〇度のパノラマが素晴らしすぎる」と書いた。決して誇張ではない。

　湖の名前は「白鳥湖」という。賢治の「銀河鉄道の夜」には「白鳥の停車場」が登場する。夜の「十一時かっきりに」着いたジョバンニとカムパネルラはここで下車して歩いている。はたして本当にモデルになったのかどうか。文庫本を手に訪ね、地面に寝そべって、天空を見上げながら想像してみたら楽しいかもしれない。

　今、ここには宿泊施設もレストランもカフェもない。広々とした空間がだーっと広がっているだけだ（だから素晴らしいのだが）。道路をはさんで海側で何らかの開発的な工事をしているが、反対側の丘や湖の側は、賢治のころと、道路が舗装されている以外、大きく変わっていないのではないか。

　何もないことを楽しみたい、という人には絶好の場所だ。

　私たちが訪れた二〇一五年九月当時、栄浜旧駅のまわりにも、白鳥湖の周辺にも、そこが宮沢賢治とつながりがある場所だと示す掲示類は何もなかった。国内でいやというほど案内板だの石碑だのを見させられて来た身には、新鮮だし、むしろ手つかずの良さを感じたほど。白鳥湖では、おそらく賢治が見たのとほとんど同じ光景をいま、見ることが出来る。

　「観光」というと、物を売ったり食べ物を新たに作ったりしがちだ。だが、どうか「賢治ピロシキ」とか「銀河鉄道アイス」などを売るようにはならないでほしい。そっとしておいてほしい。好きな人はきっと来るのだから。

（刀祢館正明）

枕木跡と銀河鉄道の夜

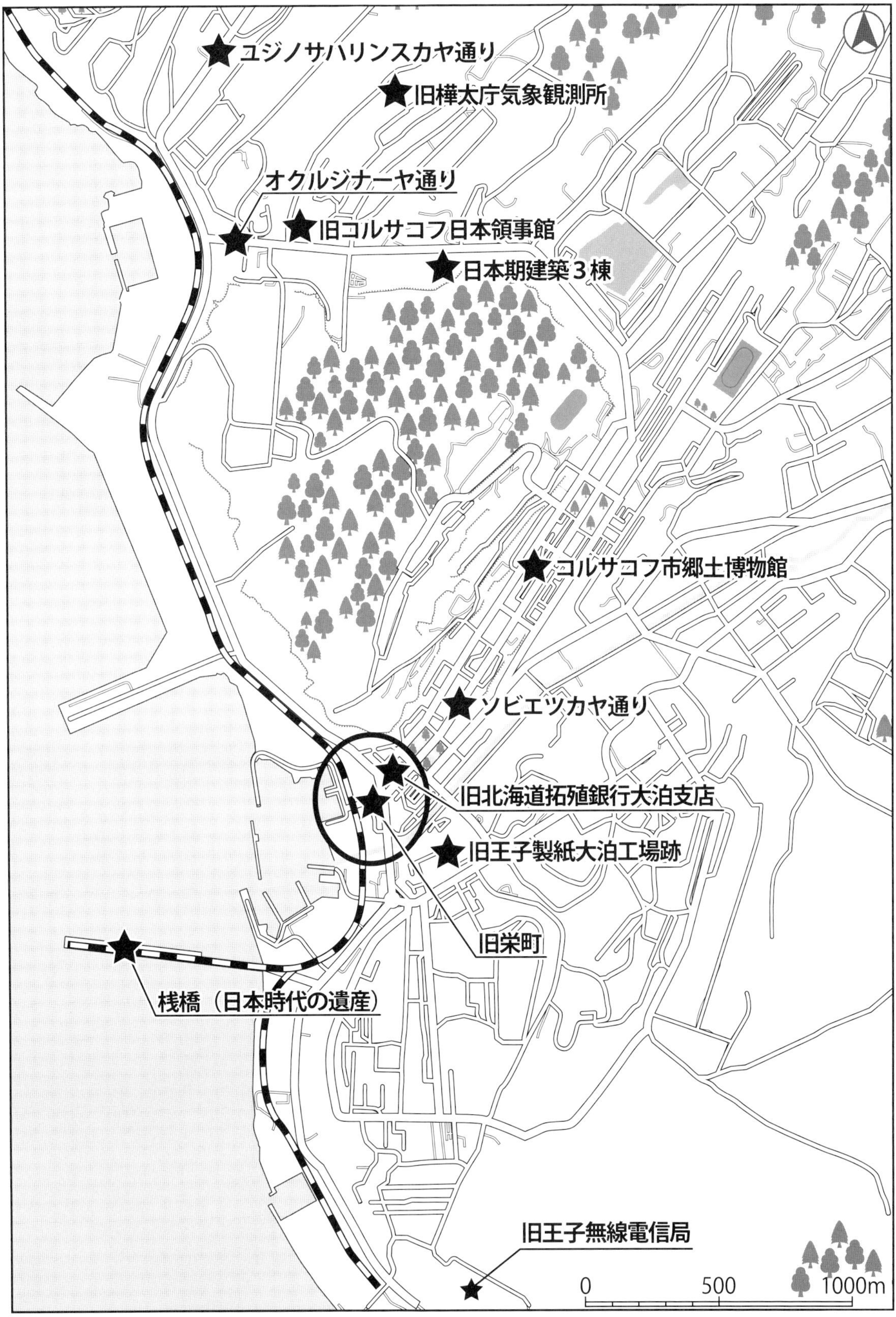
ユジノサハリンスカヤ通り
旧樺太庁気象観測所
オクルジナーヤ通り
旧コルサコフ日本領事館
日本期建築３棟
コルサコフ市郷土博物館
ソビエツカヤ通り
旧北海道拓殖銀行大泊支店
旧王子製紙大泊工場跡
旧栄町
桟橋（日本時代の遺産）
旧王子無線電信局
0
500
1000m

コルサコフ市街地

Ⅲ　コルサコフ——知られざる歴史のまちを行く

稚内からコルサコフまでのフェリー、その所要時間は（札幌から稚内までの特急サロベツとほぼ同じ）五時間半ほど。これは船旅を堪能するには絶妙な時間だと筆者は思う（船酔いしないという前提での話だが）。宗谷の湾内では、運がよければ、稚内の丘陵の彼方にそびえる利尻富士を見ることができる。これは何度見ても美しい風景だ。

宗谷海峡はさすがに少し揺れるのだが、やがて「中間ラインを越えました」という船内放送があって、しばし待てば、左舷にはもうサハリンが見え始める。悪天候でなければ、デッキに出て、「手つかずの自然」という言葉がぴったりの、亜庭《あにわ》湾の海岸線を眺めてみよう。船内の自動販売機で「水より安い缶ビール（一〇〇円）」を買い込んで、船酔いじゃない酔いに身を任せながら、まだ見ぬサハリンの姿をあれこれ想像するのも楽しい。

いざ出航！

「そろそろ海原にも島影にも飽きた」と思うころ、前方にはコルサコフの街並と丘陵地が見えてくる。港湾にはクレーンが、市街地にはクバルティーラ、つまりロシアのアパート建築が並んでいる。市街地の中央に鎮座する海岸段丘は、日本時代には神楽岡《かぐらおか》と呼ばれていた。そこには、大きな断崖があり、複雑な断層を見せている。戦前にこの地を訪れた日本の地質学者は、「この地層一つで一生飯が食える」と言ったとか。

船から見るコルサコフの埠頭

さて、フェリーでサハリンに来て、最初にみるべきものは、船が接岸した埠頭である。これはかつての大泊築港の埠頭であり、戦前の稚泊航路もここを発着点にしていた。当時の樺太っ子の自慢の種でもあった。日本時代には桟橋に列車の停車場があり、そのまま汽車で中心都市の豊原《とよはら》（今のユジノサハリンスク）まで直行できたのだが、現在は中古のバスが往復して、付け根にある入国管理事務所まで乗船客を運んでくれる。このバスは少し前まで稚内を走る宗谷バス（昭和の頃の）のお古であった。いまはロシアのバスになってしまい、ちょっと寂しい。

日露両国にとって、宗谷海峡と亜庭湾を掌握する拠点となるコルサコフ（大泊）はどうしても譲れない土地であった。一九世紀の日露両国は、サハリン島の領有をめぐって対立する関係にあったが、その対立の中心にあったのが、クシュンコタン（樺太アイヌ語で「通路のある村」の意）と呼ばれた港町であった。

　それ以来、このまちはその時代の日露関係を濃厚に反映する町となった。ロシア時代はコルサコフと呼ばれ、サハリン州南部を統轄した。日本時代には大泊と呼ばれ、樺太の表玄関としての役割を果たした。ソ連時代には海峡防衛の要として軍港となり、秘密のベールで覆われた。現在は石油の島サハリンを象徴する巨大なLNG（液化天然ガス）プラントが近郊にある。長大な桟橋には巨大なタンカーがとりつき、次々と天然ガスを積み入れていく。そして、その半数は東京へ向かうのだ。今も昔も、コルサコフは日露関係の縮図といえる、北方世界では指折りの歴史都市である。だから、少々歴史をかじってからこのまちを歩くと、とても楽しい。

地名と市街地の発達

それ以来、コルサコフはさまざまな名で呼ばれてきた。先に挙げたクシュンコタンは、久春古丹と当て字されることが多かった。一七九〇年に樺太場所が開設されて以来、ここは日本人の漁場と交易の拠点とされた。今はオクルジナーヤ通りと呼ばれる界隈である。日本の領事館や最初の樺太庁もここにあった。

　一八七五年のペテルブルグ条約（樺太千島交換条約）で、この地は帝政ロシアの一部となった。サハリンはロシアの流刑地となり、クシュンコタンの北側に隣接する丘陵地に役所、教会堂、監獄などが並ぶ小さな市街地が作られた。これが一九世紀のコルサコフで、サハリン南部では唯一の市街地であった。そのメインストリートが現在のユジノサハリンスカヤ通りであった。ちなみに、現在の中心市街地一帯は、その頃はポロアントマリと呼ばれる小さな集落だった。これは「大きな港」という意味で、これが和訳されて大泊という町名に変わった。

コルサコフ港ターミナル

　そして、ちょっと煩わしい入国管理さえ終われば、コルサコフの市街地がいよいよそこにある。たいていのツアーでは入国管理事務所の前にユジノサハリンスクへ向かうバスがスタンバイしていて、そそくさとコルサコフを離れてしまうのだが、本当はちょっともったいない。折角コルサコフに来たのだから、サハリンに辿りついた喜びをかみしめながら、小一時間ばかり市街地を散策した方がいい。

　Iで述べたように、コルサコフは日露の領土問題の淵源というべき地であり、日露関係史の縮図ともいえる歴史都市なのだ。ここでは、その歴史を感じるための「見どころ」をいくつか紹介したい。地図を片手に是非、間宮林蔵《まみやりんぞう》が、黒田清隆《くろだきよたか》が、チェーホフが、宮沢賢治が歩いた街並みを歩いてほしい。

旧王子製紙大泊工場

フェリー埠頭を出て市街地へ向かうと、小さな商店街になったロータリーがある。そこからペルボマイスカヤ通りの坂を少し登ると、フェンスの向こうにかつてのパルプ工場の施設群を見ることができる。これは王子製紙が一九一四年に建設したサハリンで最初のパルプ工場だった。パルプマシン室や発電所など、大正時代に建設された主要施設のいくつかが今も残されている。

旧王子製紙工場

敷地に隣接する坂道を登ると、古い木造平家の長屋が数棟残っているが、実はこれが王子製紙時代の社宅であった。サハリンではここ数年で木造住宅の更新が盛んに行われており、各地に残っていた王子製紙の社宅群は、ほとんどが姿を消してしまった。これは数少ない生き残りの一つである。

旧北海道拓殖銀行大泊支店

ロータリーから海岸沿いの道を進むと小さな橋がある。橋の向こうにはいくつかの赤煉瓦の建物を見ることができる。ここは日本時代の旧栄町《さかえまち》界隈で、その中心には一九二九年に竣工した北海道拓殖銀行が良好な状態で残されている（ソビエツカヤ通り三番地）。

昭和初期の日本の銀行建築は、石造を模した鉄筋コンクリート造で、ギリシア・ローマ風の外見を持つものが多いが、この建物もその典型例といえる。三角形の敷地を上手く利用して、小ぶりだが重厚感のある外観が印象的である。中央の利用者玄関の上には、ユニークな羊の首象が残っている。内部は大きな吹き抜けで、九八年までロシア国立銀行として利用されており、二〇〇〇年に調査に入った時には銀行のカウンターの痕跡がまだあった。この建物は、サハリン州の歴史的建造物として保存することが決定しており、サハリン州郷土博物館の分館として整備される予定がある。

旧拓銀

旧栄町尋常小学校煉瓦蔵など

この旧大泊支店の周囲には、赤レンガの建物がちらほらと並んでいる。特に港の埠頭の方に歩を進めれば、札幌や小樽のような軟石造の倉庫があり、白いペンキで塗られてはいるが、日本時代の屋号が残る赤レンガの建物も残されている。ここは日本時代には栄町と呼ばれた一帯で、樺太庁が不燃建築のモデル地区とするために、土地を貸しつける時に、木造ではなく、煉瓦や石造での家屋建築を義務づけていたのだ。札幌や小樽の近郊には、良質な

煉瓦造倉庫

軟石の採石地があったため、石造建築がわりと普及していたが、樺太ではそうはいかなかった。北海道から運んできた軟石でつくられた倉庫は、コルサコフ以外では見られない、大変に珍しいものだ。

　銀行の北隣の敷地は現在中学校になっているが、日本時代には小学校があった。その名残に小ぶりの煉瓦造の倉庫が一棟残っている。かつては奉安殿ではないかと考えられていて、筆者もそう書いたことがあったが、最近は奉安殿ではなく倉庫だったと考えられている。

本町大通

　もし時間と体力があれば、ソビエツカヤ通りの緩やかな坂道を登って、市街地の中心部に行ってみよう。ここは大泊本町大通りと呼ばれた界隈で、樺太における中心的な商業地区であった。大泊町役場や警察署があったのはこのあたりだった。現在は公園になっていて、車両進入禁止になっている。なかなか雰囲気のよい公園だが、「日本の軍国主義から南部サハリンを解放した」記念碑が建っていたりするので探してみよう。

コルサコフ市街中心部（旧本町大通り）

コルサコフ市郷土博物館

　ロシアに行って感心することの一つは、どんな小さな町にも郷土博物館があって、それなりに工夫を凝らした展示がなされていることだ。ちゃんと係員（たいていはマトリョーシカ風のおばちゃん）がいて、旅人には誇らしげに展示の閲覧をすすめてくる。コルサコフにも小さな博物館があって、大泊時代の築港の写真や、生活品の一部が展示されている。観光客向けのトイレの少ないコルサコフでは、開いているとありがたい施設の一つだ。

コルサコフ郷土資料館

クシュンコタン界隈

　コルサコフの街並は、日本時代に「神楽岡」と呼ばれた海岸段丘を取りかこむように、リング状に展開している。南にある市街地の中心部から、段丘の向こうにある市街地へ向かうと、そこには、オクルジナーヤ通りと呼ばれる一筋の市街地が細々と残っている。

これが一八世紀から日本人の根拠地となっていたクシュンコタンであった。帝政ロシア時代にもそれは同様であり、日本領事館はやはりこの地に置かれていた。

一八九〇年にコルサコフを訪れたチェーホフは、この日本領事館を表敬訪問し、久世《くぜ》領事たちとピクニックに出かけている。日露戦争がこのクシュンコタンに「楠渓」の字をあて、「なんけい」と呼ばれるようになった。南部では唯一の市街地だったこの界隈は、占領直後の樺太の中心地であり、一九〇八年まで樺太庁はここに置かれていた。

日本時代の楠渓大通り

旧大泊支庁長官舎

通りに並ぶ木造家屋のうち、3棟は日本時代からの古く建物だが、素人目にはなかなか見分けがつかないだろう。また、北側の小さい丘の上にもいくつかの日本期建造物が残っている。旧楠渓小学校の奉安殿、旧樺太庁気象観測所、旧大泊支庁長官舎などだ。

プリゴロドノエ（旧深海村女麗《めれい》）

コルサコフとともに、国境観光で訪れるべき場所が、車で三〇分ほどの距離にあるプリゴロドノエだ。ここではまず、二一世紀のサハリン経済を支えるLNGプラントを見ることができる。天然ガスは、はるか一〇〇〇キロ北方にある海底油田基地から長大なパイプラインを通って、このプリゴロドノエまでやってくる。そして、ここで液化され、巨大なタンカーで東京をはじめ、世界中へ輸出されていくのだ。サハリンが世界とつながる重要拠点である。

そして、このLNGプラントを一望できる丘陵地にも、大事なモニュメントがある。横倒しになった「樺太遠征軍上陸記念碑」だ。日露戦争が終息を迎えつつあった一九〇四年七月に、日本軍のサハリン攻略部隊（第一三独立師団）がここから上陸したことを記念するモニュメントだった。当然ながら、ソ連時代に打ち倒され、横倒しのままに放置されているのだが、サハリンの行政府にはこの記念碑を元に戻そうという動きがある。それは、ここを訪れる日本人への配慮であると同時に、島の歴史に対する彼らの誠意でもある。この記念碑の上には、日本時代の忠魂碑もやはり、打ち倒されて残っている。

横倒しになった上陸記念碑

そして、もう一つ、日本時代の一九三四年にできた海底電信ケーブルの中継所が、ほぼ基礎部分のみになってしまったが、記念碑のそばに残っている。これによって、北海道や東京との遠距離電話が可能となり、樺太と日本のつながりをさらに強固にするものであった。電信ケーブルの北海道側の中継所は猿払村にあり、これも現存しているので、稚内観光で時間があれば、両方を訪れて当時のつながりを感じるのもいいだろう。

稚内から海峡を眺め、海を渡って今度はこのプリゴロドノエから、はるか北海道を思うとき、この海をめぐって争った日本とロシアの先人たちのことを考えてしまう。そして、いま、この海がロシアと日本のつながりを象徴する存在となったことを改めて実感するのである。

猿払村通信ケーブル跡

旧女麗海底電信ケーブル中継所跡

コラム　ユジノサハリンスクも歩いてみよう

サハリンで国境観光となれば、おそらくユジノサハリンスクに宿を取ることになるはず。そして、もしプログラムにフリータイムがあれば、おそらくこの町の一日観光ということになる。

でも、ユジノで何を見たらいいの？

そんな人にはコムニスチーチェスキー大通のお散歩がいいかもしれない。鉄道駅前から東に向って続くサハリン州の中枢部分である。ここでは寄り道ポイントを含めて、簡単にその見どころを紹介しよう。

レーニン広場あたり

ユジノ駅前には「ブーボ」というロシアのハンバーガーチェーンがある。言葉が通じなくても注文しやすいので、試してみるといいかも。ちょっとわかりにくいけど、D51の背後には鉄道博物館がある。開いているとラッキーなので、立ち寄ってみよう（実は筆者はまだ入れたことがない）。

駅前には噴水のある小公園が巨大なレーニン像の背後に広がっている。レーニンの生誕百年の祝日に除幕式が行われたこの像は、非常にできばえがよい。その向かいにある庁舎はユジノの市役所で、北隣にあるのは郵便局だ。日本時代もここには郵便局があった。

ちょっと寄り道するなら、サハリンサッポロホテルから歩いて三分ところにある「ベランダ」という名の食堂だ。ブッフェ形式で食べ物を指さして注文できるので、言葉が通じなくても大丈夫だし、値段も手ごろ。普通のロシア人の食を味わいたい人はここがおすすめ。

レーニン像

旧豊原町役場あたり

通りをまっすぐ東に進むと、右手には映画館があり、左手には大学の校舎がある。さらに進むと南側に古いピンク色の建物が見えてくるが、これが一九二八年に建設された旧豊原町役場だ。今はオフィスビルになっている。

さらに進むと、白い大きな建物があり、これがサハリン州行政府だ。その向かいにある柵に囲まれた二階建ての建物はロシア軍の重要な建物なので、これを写真に撮るのは止めよう。ただ、この敷地の東端にある二つの建物が、実は旧樺太庁の建物（文書庫と会議室）だ。

その向かいに白樺の小公園があるが、ここにはかつて樺太長官官邸があった。今はサハリン州歴代知事のモニュメントが並べられている。その向こうにあるチェーホフ劇場も、もし何かが上演されていたら思い切って入ってみよう。ロシアの演劇はレベルが高いので、もし言葉がわからないとしても、結構面白かったりする。

劇場の南隣には、二〇一四年にできたばかりの「チェーホフ『サハリン島』博物館」がある。スペクタクル重視の展示は内容も充実しており、日露戦争以前のサハリンを肌で感じることが出来るので、ここも一見の価値がある。

ガガーリン公園あたり

さらに進むと、左手にロシア正教会の尖塔が見えてくる。新しい建物だが、信仰の民というロシア人の一面をうかがえるので、時間があると礼拝してみるのもいい。左手に広がるガガーリン公園も歩くと楽しいけど、中は広大なので、散策には少し覚悟がいる。なお、この公園の南端には北海道事務所ができたばかりだ。

その事務所の近く、通りの南側には「ランデブー」という韓国レストランがある。古くからあるお店で、サハリンで韓国料理を食べるなら、ここがいいかもしれない。なお、このあたりは日本時代は中川並木と呼ばれた樺太神社への参道が延びていた。

この通りの終点は、第二次世界大戦（大祖国戦争）などで命を落とした兵士たちのモニュメントになっている。巨大な無名兵士の足下には、戦死者たちの名前が刻まれた長大なプレートが並んでいる。

ところで、ガガーリン公園の手前にある博物館については、コラム「サハリン州郷土博物館を見る」で紹介する。

（井潤裕）

ユジノサハリンスク ロシア正教会

樺太庁長官邸跡地

人形劇場

無名兵士の像

通りの終点付近に並ぶ戦車たち

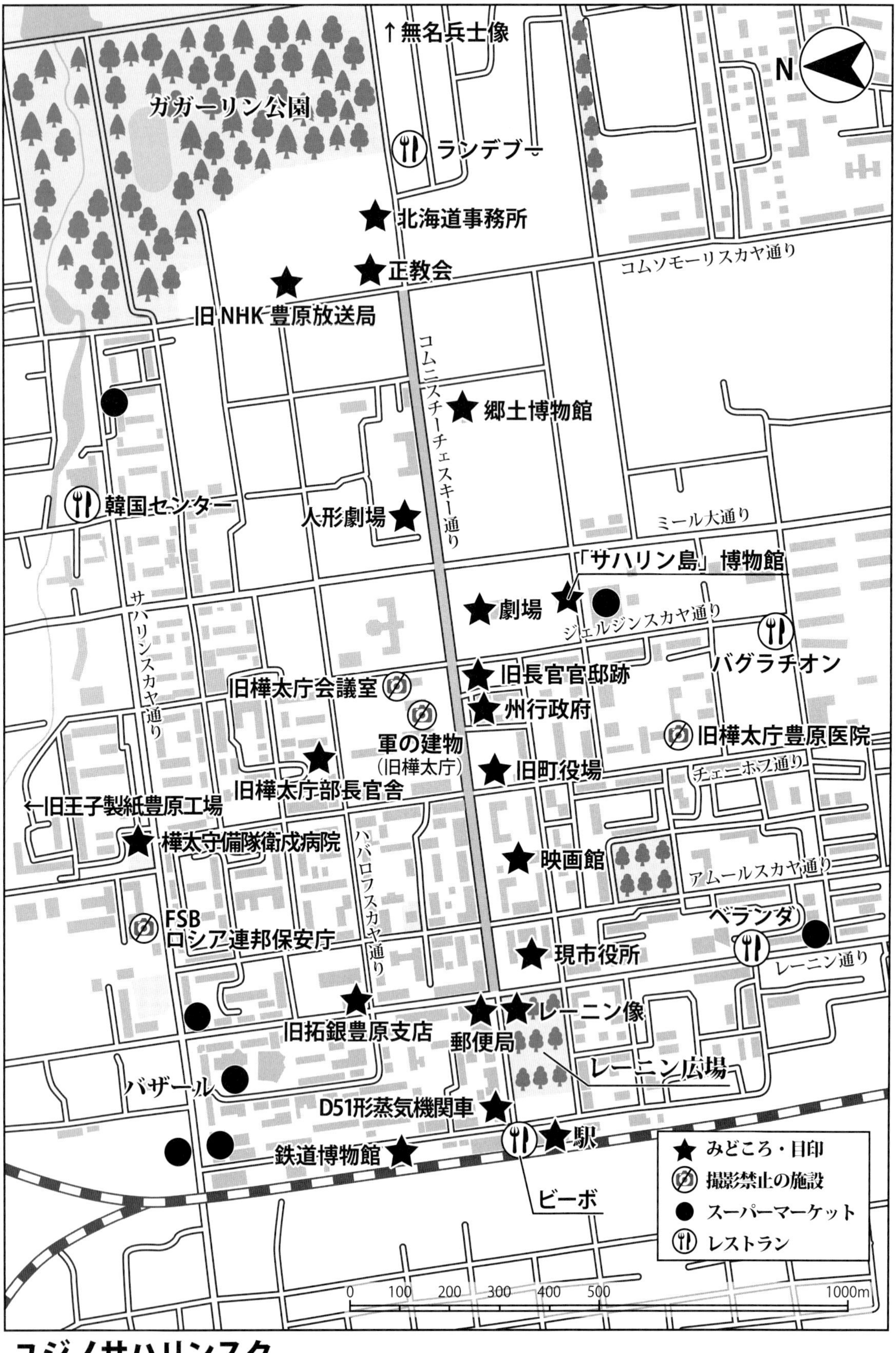

↑無名兵士像
N
ガガーリン公園
ランデブー
北海道事務所
正教会
コムソモーリスカヤ通り
旧 NHK 豊原放送局
コムニスチーチェスキー通り
郷土博物館
韓国センター
人形劇場
ミール大通り
「サハリン島」博物館
劇場
ジェルジンスカヤ通り
バグラチオン
サハリンスカヤ通り
旧長官官邸跡
旧樺太庁会議室
州行政府
旧樺太庁豊原医院
軍の建物
(旧樺太庁)
旧町役場
チェーホフ通り
旧樺太庁部長官舎
←旧王子製紙豊原工場
樺太守備隊衛戍病院
ハバロフスカヤ通り
映画館
アムールスカヤ通り
ベランダ
FSB
ロシア連邦保安庁
現市役所
レーニン通り
旧拓銀豊原支店
レーニン像
郵便局
レーニン広場
バザール
D51形蒸気機関車
駅
鉄道博物館
ビーボ
みどころ・目印
撮影禁止の施設
スーパーマーケット
レストラン
0
100
200
300
400
500
1000m

ユジノサハリンスク

Ⅳ　北緯五〇度　──かつての「陸の国境」を訪ねて

サハリンか、樺太か

「今度、仕事でサハリンに行く」と同僚や知人に話したら、三通りの質問が返ってきた

⑴サハリンって北方領土？
⑵ビザ（入国査証）はどうするの？
⑶サハリンと樺太って、どう違うの？

三つとも即答できた方は、このあとを飛ばして本文へどうぞ。そうでない方は、しばらくおつきあいを。

まず⑴から。サハリンは北海道の北の果ての稚内市から、宗谷海峡をはさんで南北に細長く伸びる島だ。広さは北海道の九割ほど。これに対し、北方領土、すなわち歯舞群島、色丹島、国後島、択捉島は、北海道の東の端の根室市の目と鼻の先から、北東へ並ぶ大小の島々だ。サハリンと北方領土は方角も場所も別の島々だが、どちらも一九四五年夏までは法的にも実質的にも日本国の一部で、大勢の日本人が住んでいた。

では現在は。北方領土についてはご存じの通り。日本政府は「固有の領土」と主張しているものの、私たちは簡単に入ることができない。政府は日本国民に対して渡航自粛を求めている。外務省のウェブサイトを見ると「政府は、日本国民に対し、北方領土問題の解決までの間、北方四島への入域を行わないよう要請しています」云々とある（http://www.mofa.go.jp/mofaj/area/hoppo/hoppo_qa.html）。

北方領土はここですよ

一方、サハリンの事情はちょっと違う。日本国政府は二〇〇一年、現地に在外公館の一つ、総領事館を置いた。つまり、サハリンは日本にとって外国（この場合はロシア）の一部だということを形のうえでは認めたことになる。ただし、外務省はサハリンについても「帰属未定」としているが（http://www.mofa.go.jp/mofaj/area/hoppo/topic.html）。

そこで⑵に答えると、サハリンに行くためにロシア政府にビザを申請しても、日本政府に自粛せよと言われることはない。私は今回、記者として取材ビザをとって訪問したが、観光の場合、現地の滞在が七十二時間以内の場合はビザ免除も可能だ。ただし、これは韓国や中国に行くのとはちょっと違う。これらの国にはパスポートさえあれば、すぐにでも船や飛行機に飛び乗れる。だがサハリンはそうではない。事前に旅行会社を通じての申請が必要で、目的は厳格に観光に限られる。また稚内からサハリンへのフェリー利用者に限定される（二〇一六年現在、フェリーは休止中）。また

フェリーのスケジュールは日が空くので、七十二時間の滞在で往復できない場合には使えない。なかなか使い勝手の悪い制度だ。

(3)の答えだが、名前は違うが同じ島を指している。かつては「樺太」と呼び、現在は「サハリン」と呼ばれることが多いようだ。ただ、これも厳密に言うとそう簡単ではない。最近の地図帳でも「樺太（サハリン）」と表記しているものがある。例えば帝国書院発行の『最新基本地図２０１４』では「日本の周辺」でこう表記している（一一三頁）。つまり、現在でも「樺太」だということなのかもしれない。ここではひとまず、この島の南半分が日本領だった当時を語るとき、そしてそれに直接かかわることを述べるときには「樺太」という表記を使うことにしたい。ただ、そうはっきり分けることは難しく、表記が混在しているように見えるかもしれない。その点はどうかお許しを。

いざ、出発

前置きが長くなってしまった。ここから本文を始めたい。

二〇一五年九月、NPO法人国境地域研究センターが企画し、旅行会社エムオーツーリストが主催した、「サハリン国境観光」のモニターツアーに取材記者として同行した。この章は、朝日新聞に連載した「北の国境をたどって」（二〇一五年一〇月十九日〜二三日、東京本社・名古屋本社・西部本社発行の夕刊、全五回）をもとに、大幅に加筆、再構成したものだ。

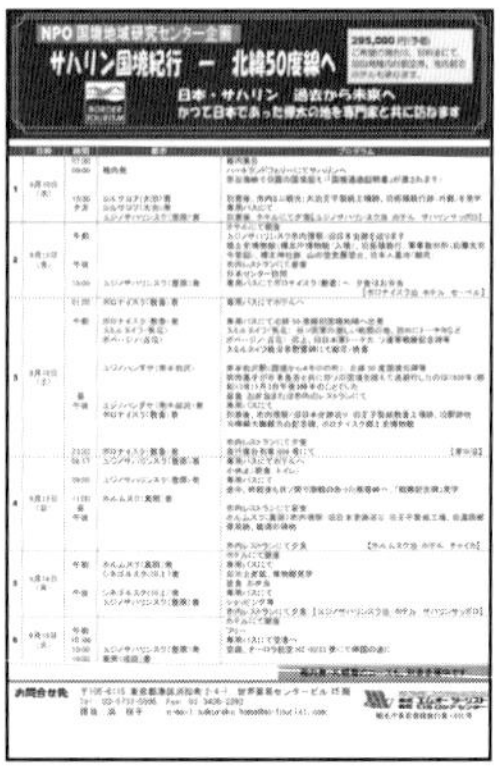

「サハリン国境観光」チラシ

今回の国境観光は、新旧二つの国境を体験する旅だった。一つは宗谷海峡にある、現在の海の国境。これはフェリーで通過し、途中船内で「国境通過証明書」をもらった。そしてもう一つが、かつて北緯五〇度に存在した、陸の国境だ。以下、後者を目指す話をしたい。

国境通過証明書

ひたすら走る

サハリン南部にある州都ユジノサハリンスクは人口約十八万人の都市だ。市内には大学も劇場もあり、駅前広場には巨大なレーニン像が建っている。ここは日本時代から樺太の中心都市で、当時は「豊原」と呼ばれていた。

九月中旬のある日。市内観光を終えた私たちは午後三時半、大型バスでこの町を発った。稚内からフェリーでサハリンに渡ってきたのは私を含めて十五人。ロシアが好きという人や、珍しい土地に行きたいという人などさまざまだ。大学教授、元小学校の先生、大企業の元モスクワ支店長、樺太を研究している大学院生などなど。さらにこの日、ユジノサハリンスクに住む邦人四人が加わった。

バスは北へ、一本道をただひたすら走った。郊外に出ると周囲の光景はあまりに単調で、「ひたすら走った」と書いたらあとは書くことが思いつかないほどだ。サハリンの旅行を楽しめるかどうかは、この単調さを楽しめるか、あるいは耐えられるかにかかっているかもしれない。

道は片側一車線、いちおう舗装はしてある。南北に細長いサハリンという島の東側を走っている。しばらくすると、けっして状態のいい舗装ではなくなった。これが南北唯一の幹線道路という。次第に暗くなっていく海岸を右手に見る。ロシア人のガイドさんも、ユジノサハリンスクの郊外までは、あそこはこう、ここはこう、といろいろ説明してくれたが、その後はこれといって話すことがなくなってしまったのか、「いま、〇〇の村に入りました」というぐらいになった。

進行方向に向かって左は森か山、右は原っぱか海岸か。グレーの濃淡だけの光景が続く。車内で誰かが「北海道のオホーツク側に似ている」と言うと、別の誰かがうなずいていた。

ときどき、海辺に寂しげな集落を見かける。集落と言っても数軒あるかないか。樺太時代の地図を開くと、このあたりには日本語で地名がびっしり並んでいて少々驚かされる。漢字で記す地名があるということは、日本統治当時に日本人が移り住んだ集落があったということだろう。漁村が多いのかと思ったが、あとで聞いたら、それだけでなく、炭鉱が何カ所かあって、戦前はかなりの人たちが住んでいたという。でも現在は、灰色の重苦しい空に耐えるように、ひっそりとしている。

幹線道路とはいえ、ドライブインも喫茶店もない。公衆トイレもない。道中、北海道から我々を連れてきた添乗員兼通訳兼交渉係のYさんが一番悩んだのは我々の自然現象への対応ではないか。ユジノサハリンスクからこの日の終着点のポロナイスクまで、ロシア人ガイドさんによると約二七〇キロ、五時間はかかるという。バスは途中で何度か停車した。

トイレタイムは駅で

午後五時四〇分すぎ、ウズモーリエ（白蒲《しらうら》）という海辺の小さな村の空き地に止まった。女性たちが屋台を出して蟹を売っている。ここは産地らしい。空き地の隅に工事現場にあるような架設のトイレがいくつかあった。その前で別の女性が構えている。彼女にチップを払わないと使わせてもらえない。ツアーの参加者が一人入るたびに、Yさんがチップを払ってくれる。とにかく使えるのはありがたい。でも出てきた人は、すっきり、ではなく、なぜか微妙な、複雑な顔をしている。ん、もしかしたら。

私も入った。入ってすぐにわかった。もちろん水洗ではない。昔ながらの、だ。そのことは想定済み。だが臭いがすごい。どういう仕組みなのかわからないが、ここにいるだけでつらくなる。中にいる間、私は息を止めていた。ここにお金を払わないといけないとは。ようやく出たら、目の前で参加者の何人かが蟹を買って食べている。きらいではないが、この時の私はとてもその気になれなかった。

その次のトイレ休憩は午後七時半、マカロフ（知取《しるとる》）という町の中だった。小さなホテルを探してその前にバスを止め、Yさんが中に入り。ホテル側と交渉した。笑顔で戻ってくる。受け入れてもらえた。もし断られたら。もちろんいくらかの「チップ」を払ったのだろうが、こちらの「窮状」を訴え、了解を得た彼女のロシア語力と交渉力がなければ、我々はどこで用を足していたのだろう。「サハリンではナチュラルトイレをお願いすることがあります」。出発前にそんな説明を受けていたことを思い出した。

まわりはだんだん暗くなる。道路には照明がない。外を照らす明かりはバスのヘッドライトだけ。車内も暗い。ユジノサハリンスクから同行している北海道新聞ユジノサハリンスク支局長さんが、私の隣で登山者が使うようなヘッドライトのセットを頭につけ、その明かりで地図を見ている。彼は以前、レンタカーでサハリンの北部に行ったことがあるという。ここでは明かりも持参しないといけないようだ。

東海岸北上中に広場で見つけた屋台のカニ！

思わず買ってしまう

午後九時少し前、この日の目的地、ポロナイスクのホテルに着いた。ユジノサハリンスクからここまで五時間半以上。明かりがあって、きれいなトイレがあって、暖かいものが食べられる。それがなんと幸せなことか。参加者の間で安堵の空気が流れる。こんな経験が出来たのもサハリンに来たおかげだ。

ただひたすら韓国製バスは進む

レストランで我々に食事を配ってくれた女性たちのうちの一人は、中央アジア系、あるいはもう少し西のアジア系的な容貌をしている。サハリンへの移民の末裔か、なんらかの事情でここに来て働いているのか。そうか、ここはユーラシア大陸の東の果てだとあらためて気づく。

戦場だった

ポロナイスクはここが日本だった時代、敷香《しすか》と呼ばれた町だ。多来加《たらいか》湾、現在はテルペニヤ湾に面し、日本領の北部の中心地だった。ウィルタやニブフなど、先住民族も多かった。一九四一年当時、人口は約三万人だったという。

話はややそれるが、今回の国境観光から帰ったあとのこと。札幌市内のなじみの寿司屋に知人と入り、「サハリンに行った、敷香に行った」という話をしていたら、カウンターの向こうの大将が突然、「私は敷香出身なんですよ」と言ってびっくり。サハリン、いや、樺太の話でおおいに盛り上がった。

敗戦時の樺太の人口は四〇万人。元島民だけでなく、その人たちの子や孫を入れると、関係する日本人は現在、相当な数に上るはずだ。朝日新聞の夕刊で「北の国境をたどって」を連載してしばらくした頃、駆け出しだったころにお世話になった大先輩の記者が電話してきた。聞くと「記事を読んだ。妻が樺太出身で、当時住んでいた東海岸の村が今どうなっているか、もし通っていたら教えてほしい」と言う。電話に出られた奥様には、残念ながら近くをバスで通っただけでよくわからないと答えるしかなかったが、「出身は炭鉱の町で、当時は賑わっていました」と教えていただいた。前述した話は、奥様の話を参考にしている。

さらに、私事で恐縮だが、連載を読んだ札幌に住む義父が先日電話をしてきた。「ぼくの父親は戦前、樺太の油田で仕事をしていた。国境の写真を見せてもらったことがある。将棋の駒みたいな形の石で、菊の紋章があった」という。寿司屋の大将と先輩記者の奥様と義父と。私の狭い世界でも樺太と何らかのつながりがある人が３人も出てくるとは。樺太が日本領だった四〇年とは決して短い時間ではないし、住民四〇万人は決して少ない人口ではないことがわかってもらえるのでは。

話を敷香、現在のポロナイスクに戻そう。ここで一泊した我々は翌朝、バスでさらに北へ向かった。目的地は北緯五〇度、かつての日本と帝政ロシア、その後はソビエト連邦共和国との間に存在した国境の地だ。一九〇五（明治三八）年から一九四五（昭和二〇）年までの四〇年間、ここに日本と隣国との間に陸の国境があった。

ポロナイスクには大鵬関の像もある

え、と思った人のために、もう一度書く。日本にも陸の国境があった。ご存じでしたか。

よく「日本は島国だ」「まわりを海に囲まれている」と言われる。私もそう教わって育った。新聞や雑誌、本でそういう記述を何度も目にしてきたように思う。その結果、私たちはいつのまにか「日本イコール周囲から孤絶した島国」という刷り込みがなされてきたのではないか。ヨーロッパ諸国のような陸の国境は日本にはない、なくて当然、と。

でも過去を振り返れば、ずっとそうだったわけではない。日本が近代国家になったのを一八六八年の明治維新以降だとすると、現在（二〇一六年）まで一四八年になる。このうち三割弱の四〇年間、日本にも隣国との間で「陸の国境」が存在した。今日までずっと「海に囲まれていた」わけでも、「陸の国境がない」わけでもない（ちなみに江戸時代、各藩の人びとは基本的に藩の許しがなければ藩の外へ出ることはできなかった。その意味では当時、列島に大量の「陸の国境（くにざかい）」があったと言えるかもしれない）。

そんなことを言っても、樺太なんて北の端っこで、当時の日本人はそこに国境があることなんか知らなかったし、意識もしなかっただろう。そう思う人は多いかもしれない。それについては少しあとで触れたい。

バスは、森にはさまれた幹線道路を北に向かう。灰色の空から雨がぽつぽつと降ってきた。頼むから現地に着くまでは大きく降らないでくれ。歩けるぐらいの、写真が撮れるぐらいの降りであってほしい。まさに天に祈る思いだった。実際にあった日本の「国境の跡」を自分の目で見てみたい。その地を感じてみたい。その思いでここまでやってきたのだから。

北緯５０度線近くの日本製トーチカ

トーチカ内部

途中、戦争の記念碑やトーチカの跡などが次々と現れる。一九四五年夏、南下するソ連軍とそれを防ごうとした当時の日本軍との戦闘があったこと、たくさんの戦死者が出たことを物語る記念碑や墓地、そして平和・友好を祈念する碑などがいくつも存在する。昭和二〇年の国境地帯は戦場でもあった。往事を偲ぶ場所を何カ所か寄り、正午を少し過ぎた頃、バスが止まった。

あった、あった

道路脇に大きな矢印の形をした碑が建っている。ソ連兵の顔と「50」の文字が見える。旧ソ連の戦勝碑という。矢印は南、つまり当時の日本を指している。ここを越えて攻め込んだということだろう。50は北緯五〇度ということか。

バスを降りて、西側の森の中に入る。雨は小降りになった。うっそうとした木々の中を歩くこと数分。先頭を行く人たちの声が聞こえた。「あった、あった」

わらわらと一行が集まり、囲む。

それは、木々の間にぽつんとあった。苔むし、まるで置き去りにされたまま眠ってしまったかのように、そこにあった。約一メートル四方。コンクリート製だろうか。あちこちが欠け、一部は土に埋もれている。

北緯 50 度戦に立つソ連の戦勝碑

国境の跡だ。「樺太日露国境天測境界標」と呼ばれ、国境を示す標石があった。目の前にあるのはその台座の跡だ。ついにやってきた。

時計の針を一一〇年ほど戻す。一九〇五年、日露戦争に勝った日本は当時のロシア（帝政ロシア）からこの島の北緯五〇度以南を得た。樺太の南半分が日本の領土になった。かつてこの地は、一八五五（安政元）年の日露通好条約で「界を分かたず」とされていた。その後、日露の雑居化が進んだため、一八七五（明治八）年の樺太・千島交換条約で日本は樺太を放棄。一九〇四〜〇五年の日露戦争で日本軍が上陸し占領、戦後の日露講和条約で五〇度以南の南樺太を領有したという経緯がある。

島を二つに分け、国境を画定しなければいけない。口で言うのは簡単だが、実際には大変だったろう。自然の地形や、すでにあった生活圏の違いなどで分けるのではなく、緯度というまったく人工的に引いた線で分けるのだが、そもそも日本側にはそんなことをした経験がない。どうやって決めるのか。日露で大激論の末、天文測量で決めることで合意した。一九一〇（明治四三）年に陸軍省の名でまとめた資料によると、日本側の境界画定委員長は陸軍砲兵大佐、ロシア側の委員長も陸軍参謀中佐が務めている。両国とも委員には軍人や軍関係者が並ぶ。これは軍と軍の問題だったのだろう。

北緯 50 度に残る国境標石の台座跡

国境地帯は東側のオホーツク海に面した地点から、西側の間宮海峡に面した地点まで東西約一三八キロ。北緯五〇度線に合わせて原生林を幅十八メートルにわたって切り開いた。現代のように人工衛星を使ったGPS（全地球測位システム）はないし、ブルドーザーをはじめ重機などない。測量も森林伐採も整地も人力が頼りだったはずだ。当時の労苦は現代の想像を超える。

ともかく、そうやって新たに測量し、確定した国境ぞいに、「天測境界標」を四か所設置した。東から天第一号、天第二号と並び、現在の我々が見ているのは天第三号の標石の台座跡だ。

出発前のユジノサハリンスクの市内観光で寄ったサハリン州立郷土博物館に、国境標石と台座の模型が展示してあった。国境標石は将棋の駒のような形をしていて、南面の日本側の面には菊の紋章と「大日本帝国」「境界」の文字が彫られ、北面のロシア側にはロシア帝国の双頭鷲の紋章とロシア語で「ロシア」「国境」を表すキリル文字が刻まれていた。博物館にあった説明図によると、標石は高さ六〇センチ、幅五〇センチ。台座は地中に二段と地上に二段、合計四段あった。全体として相当がっちりしたものを作っ

国境標石（日本側）

国境標石（ロシア側）

たことがわかる。

さて、北緯五〇度の台座跡のまわりでは、雨具姿のツアー参加者たちが妙なことを始めた。夫婦でかつてのロシアとかつての日本に分かれて立ち、手をのばしてつないでみたり、一人で右足と左足を別々の「国」に置いて仁王立ちしてみたり。次々とやっている。ここにかつて国境があり、今は存在しないことを確認しようとしているかのようだ。私もやってみた。かつて国境線があったあたりに立って、右手はかつての日本に、左手はかつてのロシア（あるいはソ連）に伸ばしてみた。

これを書きながら思う。あのとき、あそこでなぜあんなことをしたのだろう。着いたらやってみようと思っていたのかもしれないし、現場でやりたくなってしまったのかもしれない。ともかく、国境が「あった」ことを感じてみようとした。おそらく私以外の何人かも同じだったのではないか。でも、ここにあるのは、ただの空間だ。国境というお約束がなくなったら、ごく普通の、ひとけのない森の中。右足と左足が乗るそれぞれ地面に違いはないし、右手と左手それぞれが触れる空気に違いはない。国境のものものしさと、静かな緑の木々の普通さとのギャップに、そして自分がやっていることのおかしさに、気づいたら苦笑いしていた。

夫はロシアに、妻は日本に

私たちが訪れた当時、台座跡の回りには何の表示も説明もなかった。ロシア側にはここを宣伝しようとか、観光地にしようという思いはないようだ。

たぶんそうだろうなと思っていたが、でも、来てみるとやっぱり不思議な感覚がぬぐえない。いまは何でもない、ただの森の中の一部が、かつては越えてはいけない境界だったとは。ここでかつてを想像しようとしても、あまりにも普通な光景で、なかなか出来ない。

台座の残る森のなか

そこをあえて、ここに現実に国境があって、国境標石が立っていると想像してみる。ここまでが日本、ここから先はソ連だ、と。でも、どうも国境らしさとか、ものものしさとかを感じられない。だいいち、こんな石塔みたいなものではぐるぐる回れるし、簡単に向こう側つまり外国へ行けてしまえるじゃないか。鉄条網とまではいかなくても、長々とした柵とか、壁とか、それが国境というものではなかったのか。

カンのいい人はもうお気づきだろう。そう、戦前、ここは観光地だった。それも人気の。樺太に住む人たちが観光として訪れていたことが、残っている当時の写真からわかる。家族連れで来たり、職場の旅行だろうか集団で記念撮影していたり。当時、日ソの国境は恐いところではなく、出かけていって記念写真を撮るところだったのだ。今は森の中にあるが、当時は周囲の木々はきれいに伐採されていて、広々としている。人々は「ソ連側」にも平気で入って撮影していたようだ。

人気は樺太の住民たちにだけではない。たとえば詩人の北原白秋は一九二五（大正十四）年に鉄道省主催の観光団の一員として樺太にやってきて、この国境地帯を訪れている。とても喜んだのだろう、旅行記の中で「子供のように其処らを駆け廻りたくもなった」と書いている。日本にも誕生した「陸の国境」は、当時の人たちにとっても珍しかったに違いない。「国境観光」は九〇年以上前に、すでに当時の日本人たちが実行していた。

かつての国境の跡をまのあたりにして、今回の旅の一番の目的を果たした。ほっとした。雨が少し強まり、我々はバスへと急いだ。だが私には小さな謎が一つ残っていた。

手元にある、樺太の別の場所の、「第四号（安別《あんべつ》）」と説明書きがある国境標石を撮った写真を見ると、台座は台形をしている。でも我々が訪れたここの台座跡は直方体で、形が違う。どういうことなのだろう。本当にあれは国境標石の台座だったのだろうか、と。

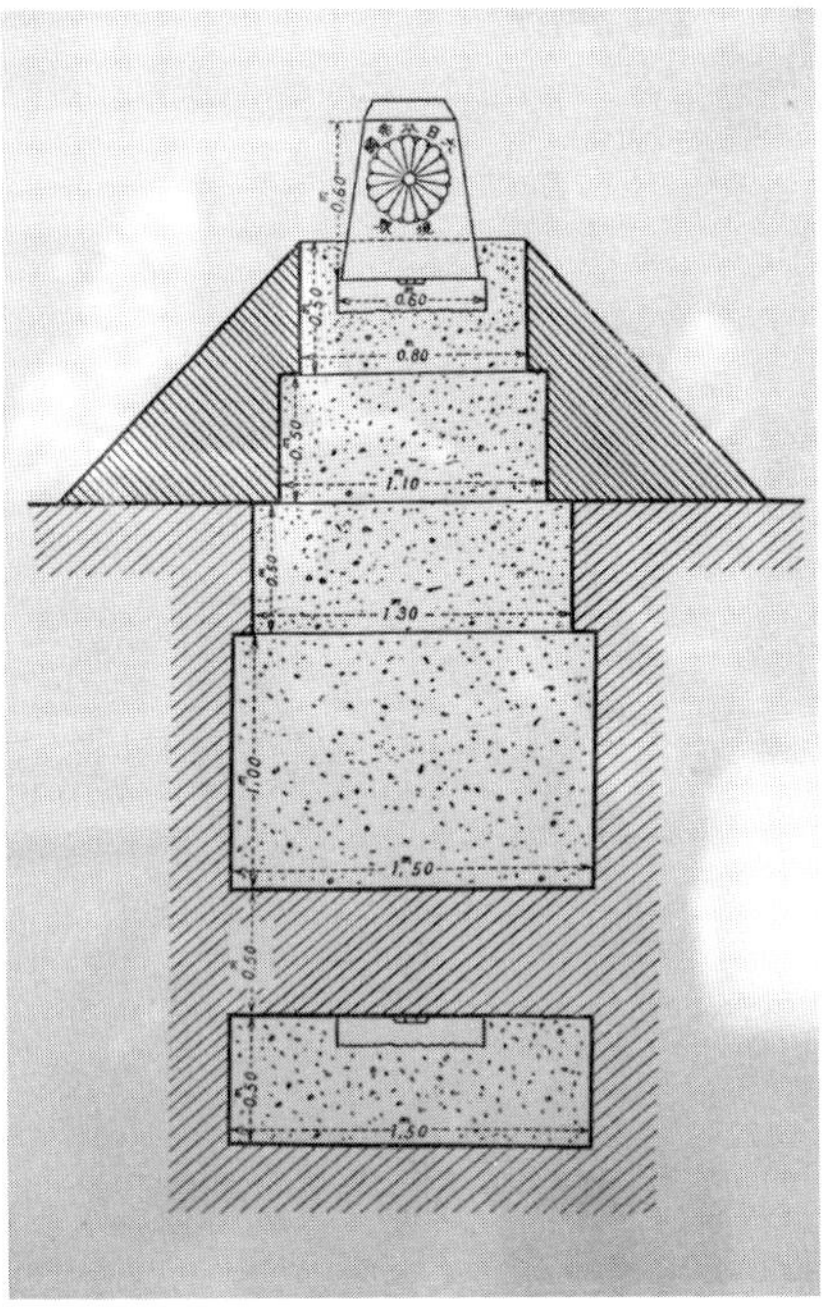
台座地中の図
（サハリン郷土資料館に展示）

解けた謎

どうもしっくりしない。もしかしたら間違いか？　まさか。でも、形が違う……。これまで読んだ本や資料はすべて、あそこが国境跡だと書いている。現地の写真も載せている。間違いはないはずだ。でも、もう一つ確証がほしい。東京に戻ったあとも私は気になっていた。

サハリンから帰った翌月、北海道の根室市を訪れる機会があった。市内にある根室市歴史と自然の資料館には樺太時代の国境標石の現物はじめ、当時の資料が集められている。入館時にチケットと一緒に渡された資料館のパンフレットをなにげなく見ていたときだ。

——あった。心の中で叫んでいた。体の動きがしばらく止まっていたかもしれない。

パンフレットには、戦前の国境標石で撮った記念撮影風のモノクロ写真が何枚か載っている。樺太の元住民や関係者から寄せられたものだ。その中に第三号の、つまり我々が訪れた場所の、当時の写真があった。見ると、台座は台形ではなく、直方体を重ねた形をしている。我々が見たものの、九〇年ぐらい前の姿だ。過去と現在がつながった。我々が見たのは、まちがいなく国境標石の台座跡だった。胸のつかえがおりた。夏休みの宿題をようやく出し終えたような、そんな気分になった。樺太の謎が根室で解けた。この時、私のサハリンへの国境観光はやっと終着駅に着いたのかもしれない。

今回の国境観光は、宗谷海峡にある海の国境を越え、北緯五〇度にあった陸の国境を見に行く、日本にも陸の国境があったことを確認する、そんな旅だった。私もそのつもりで参加し、当初の目的を十分に達することができた。

ただ、現地を訪れると、どうやらそれだけではないことに気づく。サハリンの南半分のかつて日本だった地域、樺太と呼ばれた地域には、今も日本の痕跡が多数残っている。町を歩くと日本時代の銀行や工場、役所や軍関係の建物がいくつも残っているだけではなく、神社の参道跡や鳥居の跡、寺の礎石だったと思われる岩などが、ロシア風の通りの中でなんの脈絡もなく現れる。そうか、ここは、「日本」になったり「ロシア」（あるいはソ連）になったりしたのだ、「国家」が何度か入れ替わった土地なのだと、実感させられる。日本人にとって、こんな土地が世界のほかにあるだろうか。

もちろん、その前には日露の両者が混住していた時期があったし、さらにさかのぼればどちらでもなかった時代の方がはるかに長く存在していたのだが。ここでは国境が何度か移動した。そのたびに「国民」も多数が入れ替わった。そのことの結果を見て、知って、いやおうなく考えさせられる。国境とは何なのか、そして「国のかたち」とは何なのか、と。そんな旅でもあったように思う。

樺太・千島戦没者慰霊碑

鳥居の跡

コラム

サハリン州郷土博物館を見る

コムニスチーチェスキー大通りを西に進み、ミール大通り右手（南側）にはまた大学の校舎があり、豪勢な新築のマンションがあり、そして博物館が見えてくる。大学の通り向かい（通りの北側）には人形劇場があり、これも結構お薦めだ。

だが、サハリンに来て見逃してはいけない観光スポットは、何といってもサハリン州郷土博物館である。もともとは一九三七年に竣功した日本時代の旧樺太庁博物館で、城郭風のシンボリックな塔が特徴である。ユジノサハリンスクのシンボルといえる建物であり、今も市民たちに愛されている。なお、サハリンの結婚式ではここで記念写真を撮るのが「お約束」なので、ハイシーズンの九月にはかなりの確率で美しいロシアの花嫁に出会うことができる。

お約束の記念写真

まずは建物の外観を堪能しよう。切石貼《きりいしばり》、スクラッチタイル、白色モルタルで仕上げられた外装は、当時の官庁建築の流行を取りいれたもので、玄関屋根の天井には網代模様のモルタル細工が施され、日本時代の技術水準の高さがわかる。また、内部にも装飾も和風（御殿建築や数寄屋風）の細部意匠が各所にちりばめられているので、是非探してみて欲しい。この建物はサハリン州の文化遺産に指定され、財政的にもＥＸＰＯ70の支援を受け、念入りに建物の改修がなされている。

豪壮な鉄扉をくぐって中に入る。写真の撮影は別料金なので、入口でおばちゃんに申請しよう。内部の展示はクマ、キツネ、オットセイなど雄大な自然に生きる動植物たち、樺太アイヌ、ニブフ、ウィルタなど先住民族の文化と風俗、日露の狭間で翻弄されてきた島の歴史の三つにわかれている。筆者は日本のアイヌ研究者たちが博物館の収蔵品を調査した際に、偶然立ち会ったのだが、彼らは希少価値の高さと保存状態のよさに感嘆していた。日本よりもよいものが揃っているそうだ。特にアイヌの鎧は博物館の誇る逸品である。

歴史のセクションでは、ロシア極東の拡大と発展に尽力した人びとの業績、一九世紀ロシア帝政期の流刑者たちの生活、戦場となった日露戦争、樺太と呼ばれた日本時代の暮らし、樺太と千島における戦い、社会主義国家ソ連時代の社会を物語る品々がまとめられている。展示品の中には本物の国境標石（天一号）とレプリカ（天三号）もある。また、一九四五年八月の日ソ戦争についても、かなり詳しい展示がされている。

二十一世紀に入ってから、博物館は外部展示の充実にも力を入れてきた。北海道に残されたオリジナルの設計図を入手し、これを参考に噴水と庭園の整備を進めた。ＬＮＧプラントの建設で取り壊しの危機にあったプリゴロドノエ（女麗）の奉安殿を移築してきた。また、北千島《きたちしま》・占守島《しゅむしゅとう》の戦いで奮闘した日本軍の九一式《きゅういちしき》戦車も展示品の一つに加えたのである。

日露戦争の史跡も屋外にある。一つは日本の要塞に設置されていた二八サンチ榴弾砲。司馬遼太郎《しばりょうたろう》『坂の上の雲』の読者なら、二〇三高地の堅陣を粉砕した巨砲といえば、おわかりだろう。あれの本物が展示されている。この他、やはり『坂の上の雲』で躍動していたロシア旅順艦隊の軽巡洋艦ノヴィークの艦載砲が、日本の戦勝記念碑となって展示されている。実はこのノヴィークは、黄海海戦の時、日本軍の攻撃を振りきって逃走。最後はコルサコフの湾内で日本海軍につかまり、擱座《かくざ》していた、これもサハリンを訪れるなら必見の、ややマニアックな歴史遺産である。

（井澗裕）

国境標石第一号

ロシア側の歴史解説に驚く日本人観光客

占守島の九一式戦車

二八サンチ榴弾砲

V　国境観光への誘い

このブックレットの初稿をまとめ始めた二〇一五年の年末、「稚内市がフェリーの運航継続を断念した」という悲報が舞い込んできた。そこで、ヤトワレ編者の筆者（井潤）は、企画の元締め（岩下）に「このブックレットもボツですかね？」と、（期待半分で）お伺いを立てると、「とんでもない！」とのお返事が。

曰く、〈……むしろ、フェリーのチャーター就航や定期便の再開をエンカレッジするような内容になることが期待されています。いままでも何度も止まっています。しかし、稚内とサハリンは切ってもきれない関係です。いまの状態を一時的な「休止」と考えて、大きい文脈でブックレットを位置づけていただければと思います。【原文のまま】〉

……うーん、ハードルだけが高くなったぞ（泣）。確かに長期的な視野で見れば、稚内とコルサコフの航路はこのまま消えるべきではなく、時間はかかったとしても再び動き出すだろうとは思う。ただ、以下に述べるように、この航路をめぐる経済的実情は相当に厳しいものがある。

稚内コルサコフ航路の実情

稚内コルサコフ航路の二〇一四年度の運用実績を見ると、乗客は四四三八人、貨物は九〇六トンとなっている。乗客数の推移を見ると、一九九九年の運用開始時から徐々に数を増し、二〇〇六年の六六八一人をピークにして、その後は四〇〇〇人前後のまま横ばいの状態が続いていた。貨物の推移も同様で、こちらのピークは二〇〇五年度の七〇二五トンと、二〇〇六年の六五二五トンであり、二〇〇九年度には九〇四トンまで落ち込み、これ以降は一〇〇〇トン前後の横ばい傾向が続いていた。もちろん、稚内市はこの定期航路に対して補助金を出してはいたが、航路に年間経費約二億円（一億九〇〇〇万円）に対して、七〇〇〇万円前後の売り上げしかなく、年間五〇〇〇万円の補助金ではいかんともしがたい、というのが運営会社の撤退理由である。

どうしてこんなことになったのか。

二〇〇五年ころまでは、サハリンには石油ガス関連プラント建設などで多くの外国人技術者が生活していた。当時のサハリンは、長期滞在の技術者たちでホテルが埋まっており、宿泊の予約が難しいほどだった。そして、生活水準の高い彼らのニーズを満たすために、稚内の航路が活用されていた。休暇を利用して、日本への買い出しに出かける人びとにとって、大量の手荷物を運べるフェリーの利便性は高かった。しかし、石油プラントの建設が一段落し、技術者の数が減っていくとともに、こうした需要は当然ながら激減した。オ

コルサコフへ！

イルマネーとロシア経済の堅調ぶりに支えられ、サハリンの流通事情が格段に増し、現在のユジノにはショッピングセンターがいくつも建てられるようになり、そこには大陸からの品々でいっぱいである。もうサハリンの人びとが稚内まで買い出しに出かける必要はない。

また、日本からサハリンを訪れる人びとも減少している。従来の日本人利用者の中心は、何といっても旧島民とそのご子息だったのだが、彼らの高齢化がフェリー旅客の減少に拍車をかけている。

そう、キング・オブ・国境観光などと息巻いてみても、実態はこんなものだ。定期航路が地域間交流や経済活性化に欠かせないとわかってはいても、「おぜぜがない」という情けない理由で、プッツリと切れてしまうのだ。

逆にいえば、稚内の人びとが国境観光にかける期待もそこにある。最北端の人びとがその地の利を活用するためには、サハリンへ行ってみたいという人びとを増やすしかない。そのための一番建設的かつ健全な動機は「観光」であり、それは昨今流行の「持続可能な」産業でもある。だが、その前に、その担い手である定期航路が消滅しては元も子もない。

出航を待つフェリー

善隣関係という安全保障

だが、みなさん、忘れてはいませんか。この航路は日本とロシアの間、宗谷海峡をつなぐものだということを。それを経済的な事情だけで考えるのは、平和ぼけである証拠だ。定期航路は本来、ノンパワー・セキュリティ（武器なき平和）の根幹である。コミュニティが健全であるための第一原則は、「隣近所と行き来がある」「顔を知っている」ということだ。それは町内会レベルでも、国家レベルでも変わらない。多少、難しい言い回しをすれば、定期航路の存廃は、境界地域の善隣関係という安全保障に直結する重要事項なのだ。

ゆえに、そもそも定期航路の維持を民間企業や稚内市だけに負わせるのはおかしい。なぜ、この航路を守るために政府が本腰を入れないのか。――大仰だと思う人もいるだろう。もちろん、現今の宗谷海峡や日露関係に政治的軍事的緊張があるわけではない。だが、晴天に傘の心配をするのがセキュリティ（安全保障）の大原則というものだ。というより、境界での小さなアクシデントやトラブルが緊張に直結しないためにこそ、善隣関係というものは必要なのだ。

例えば、北方領土の町・根室で二〇〇六年八月にカニかご漁船がロシアの警備艇に銃撃され、乗組員が死亡する事件が起きた（第

日ソ平和友好の碑

三一吉進丸事件）。事件の発生当初は、国際問題になりかねない事態ではあったが、最終的には日本側が違反操業を認めるかたちで終息を見た。ことが大きくならなかったのは、もちろん関係者が事態の好転に尽力したことも大きいが、根室と北方領土の人びとがビザなし渡航（四島交流事業）で継続的な交流があったことも、見逃せない。つまり、相手の顔を知っているので、いたずらに疑心暗鬼を生むことがなかったのだ。もしも、これが冷戦まっただ中の話なら、ビザなし交流がなかったら、こうスムーズにはいかなかったはずだ。

パワーなしでセキュリティが成り立つと考えるのは愚昧だが、パワーだけで成り立つと考えるのは無能だ。ゆえに、せっかくのつながりを「儲からない」という情けない理由で簡単に手放す人びとが、安全保障を本気で考えているはずがない、と筆者は思う。

根室・納沙布岬から「見えない壁」を見る

潜在的な観光資源・製紙工場

二〇一五年、軍艦島（端島《はじま》）を含む「明治日本の産業革命遺産」が、ユネスコの世界文化遺産に登録された。確かに軍艦島は「廃墟の横綱」というべき存在だが、サハリンにもこれに負けない廃墟がある。それもたくさん。日本時代に建設された九ヶ所の製紙工場施設群がそれだ。具体的には、コルサコフ（大泊）、ユジノサハリンスク（豊原）、ホルムスク（真岡）、ドリンスク（落合）、マカロフ（知取《しるとる》）、チェーホフ（野田）、トマリ（泊居《とまりおる》）、ウゴレゴルスク（恵須取《えすとる》）、ポロナイスク（敷香）に製紙工場があり、二〇世紀の樺太は、島全体が巨大な製紙工場といえるほど、紙とパルプの島だった。

昭和初期には日本で使われるパルプの半分が樺太で生産されていた。また、戦後のソ連時代にもほとんどの工場が操業を続け、一九九〇年代の経済危機で息の根を止められるまで、サハリンの森林を紙に変え続けてきた。

二〇〇一年に筆者が調査した時、ウゴレゴルスクの工場だけは辛うじて操業を続けていた。だが、今はすべての工場は廃墟となっている。巨大な製薬塔や木釜室がコンクリートのがらんどうになり、爆撃でも受けたかのようにボロボロの状態で、島内各地に残されている。特に、ホルムスクの製紙工場は圧巻だ。敷地が海に面していることもあり、海と空だけを背景として巨大な廃墟が眼前に展開することになる。

魅力的な廃墟（ホルムスク）

また、チェーホフの工場は、サハリンでは珍しく赤レンガ建築を主体としていて、他の工場とはかなり趣の違う印象がある。製紙工場の周囲には、従業員の暮らす社宅群があり、たとえばホルムスクやドリンスクでは近年まで相当数が現存していたのだが、老朽化が進んで取り壊しの対象となり、今は真新しいアパートに建て替えられてしまった。

これらの廃墟は、旅人たちにはほぼ例外なく、強烈なインパクトがある。そして、サハリンと樺太の歴史に否応なく思いを馳せることになる。だが、惜しむらくは、そこには情報も物語もない。本当は「製紙の島」にふさわしい、盛りだくさんのエピソードがあるのだが、それを語れる人はロシアにも、日本にもほとんどいない。将来的に、この廃墟たちに豊かな物語が加わり、ある程度の観光インフラが整えられた時、廃墟は魅力ある史跡となり、多くの観光客を呼び寄せる起爆剤となるだろう。

筆者自身は、これらの施設群をサハリンの近代化を象徴する存在として、日露共同提案による世界遺産とすべきだとかねがね主張している。国境観光の目玉となるのはもちろんだが、崩壊が進みつつある製紙工場群を後世に伝えるためにも、国際的な視野からの保護を考えるべきだと思う。

稚内・北航路の尽きない魅力

国境観光は、最北端という稚内の地の利を最大限に活用するもので、その存在が市民権を得て一定の収益を見込めるようになれば、そのメリットは非常に大きい。それは、まず第一に、観光とは原則として持続可能な産業であるということだ。第二に、それが単なる営利事業ではなく、隣国であるロシア・サハリンとの善隣関係を維持強化するのにも役に立つということだ。稚内からの国境観光が、対馬のように、何十万という観光客が押し寄せるようになるとは考えにくい。ただ、このツアーが「身近な異世界」サハリンを堪能し、知られざる北方・日露関係史の歴史に親しむ機会をつくるという点で、唯一無二の、高い価値を持っていることはこれまで述べたとおりである。

本書では「歴史」に力点を置いて宗谷海峡の観光資源を紹介してきたが、「食」や「自然」という点で見ても、この地域は潜在的な魅力の宝庫である。こうした価値をどのようにアピールしていくかが、国境観光を根付かせるための、第一のカギとなるだろう。

ただ、このツアーについては、稚内・コルサコフ間の定期航路の復活と安定が大前提となる事はいうまでもない。この航路には、道産品の輸出ルートという可能性はもちろんだが、サハリンとの善隣関係という、決して見落としてはいけない意味があることも重ねて指摘しておきたい。

また、本格的に観光政策を展開していくためには、稚内・サハリンともにまだ観光インフラの整備が不十分であることは否めない。「食う・寝る・遊ぶ」をどのくらい楽しめるかが観光地のバロメータとするなら、率直にいって、いずれにも合格点は付けがたい。「潜在的」といわれるのは、それを活用できるだけの条件が整っていないことを意味する。長期的な視野をもって戦略的に観光地としての「実力」を養うこと――月並みながら、それをどれだ

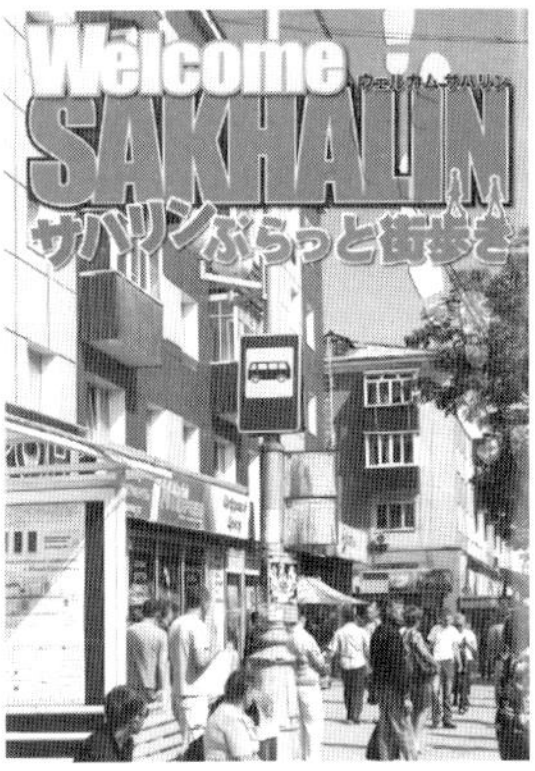

サハリン観光パンフレット

けぶれずに、粘り強く続けていけるかが、第二のカギとなるだろう。そのためには、官民双方で、日露の連携協力体制をはかること、長期的・体系的に観光政策をマネージメントする組織あるいは体制をつくりあげることが必要となる。

最後に、第三のカギは製紙工場の遺跡群をはじめとする日本期建造物だと僕は考えている。製紙工場はサハリン各地に点在し、圧倒的な迫力を持つ知られざる産業遺産だ。これをどのように活用できるかで、観光政策への期待値は大きく変わってくる。

こうした歴史的建造物をうまく観光資源に変えた事例として、小樽運河をあげたい。いまでこそ北海道でも屈指の観光スポットとなった小樽運河だが、かつては水路としての役割を終え、淀んだ水が異臭を放つヘドロの水たまりになっていた。昭和生まれの道産子なら、あの運河が「臭く汚い無用の長物」「小樽の汚点」として埋め立てられる寸前にあったことを、覚えている方もおられるだろう。小樽運河は、周辺に点在する歴史的建造物と相まって、徐々に観光地としての実力を養ってきた。コルサコフの歴史的建造物群をみるとき、筆者はどうしても、あの臭くて汚かった小樽運河を思い出すのだ。そう、コルサコフは第二の小樽運河をめざすべきだ。

製紙工場遠景

製紙工場については、軍艦島というモデルがある。産業遺産に関する理解がまだ不十分な日本では、世界遺産としての軍艦島に違和感を持つ人が多いかもしれない。ただ、戦前の製紙産業では主流をなしていたサルファイト・パルプの工場はもう日本ではほぼお目にかかれない。また、硫黄から亜硫酸を生成する製薬塔や、その亜硫酸で原木を煮溶かす木釜室は、当時でもまれな高層建築で、「製紙の島」だった樺太の街並みのシンボルでもあった。それがソ連崩壊とそれに続く経済危機で破綻し、無残な廃墟となった光景は、二〇世紀のサハリンの歴史を文字通り肌で感じさせてくれる。

シネゴルスク（川上）旧炭鉱跡もホット・スポット

そのためにはたとえば、情報を整理してツーリストに提供する仕掛けが必要だ。単なるがれきの山に名前と顔を与えなくてはいけない。たとえば、旧製薬塔、旧製品倉庫、旧パルプマシン室などなど、当時の役割を伝え、どのようなプロセスで丸太が紙へ変わっていくのかが理解できれば、あの廃墟を巡るのは実に楽しくなる。

まずは、そういう「廃墟を遺跡に変える」意味づけががれきの山を観光スポットに変えるのだ。それは、今すぐに、大きな予算も必要とせずにできる観光政策の第一歩となるはずだ。稚内からフェリーに乗って、樺太に出会う旅。それが筆者の夢みるキング・オブ・国境観光のハッピーな帰結点である。

（井澗裕）

稚内とサハリンで国境観光を創る

編者（井潤）にこのブックレットの編集を依頼した二〇一五年の夏頃、筆者（岩下）は稚内とサハリン航路の存続を楽観していた。ハートランド撤退のニュースはあったが、稚内市役所や稚内の民間が懸命に存続を模索しており、新しい運航会社も見つかったかのように聞いていたからだ。

福岡、対馬から釜山に戻るルートを皮切りに実証試験を続けてきた国境観光。その全貌と学問的意義については現在、本邦初の単行本を準備中で、その機会に譲るが、サハリンから稚内を結ぶ企画は、いわば日本全体のなかでは第2弾であった。

ＮＰＯ法人国境地域研究センターの企画のもと、北海道大学スラブ・ユーラシア研究センター、稚内市もメンバーの一員である境界地域研究ネットワークＪＡＰＡＮなどの支援のもと、稚内の地元旅行社、北都観光の主催で実施したツアー（二〇一五年六月発五日間の旅）は、定員三〇名を越え、共同通信、北海道新聞、毎日新聞などの同行あるいは現地取材を受けるなど予想以上の評判を得た。ＮＨＫなど同行取材のみならず、北海道ローカルで特別枠をとって二度、全国中継「おはよう日本」で一度、さらには国際放送（英語）でも放送されるほど盛り上がった。本書の編者（井潤）はこのツアーの同行解説を務めたのだが、コラムにあるようにサハリン州郷土博物館での彼のガイドぶりは多くの参加者を魅了した。

メディアの取材を受ける参加者

ツアーは二〇一五年初頭から準備を始めた。稚内市役所、商工会議所、地元旅行社などに意義を説いて廻った。みな最初は半信半疑で聞いていたが、協力を約束してくれた。国境観光の可能性にいち早く理解を示してくれたＡＮＡセールスの応援もあり、実現にむけた輪は次第に広がっていく。市役所はバスを出してくれ、市内の見どころは本書の執筆陣の一人でもある中川主査が解説し、北方記念館では学芸員（市職員）が熱心に説明を行った。商工会議所は参加者に三〇〇〇円の商品券を提供し、参加者は出発前夜、南稚内でおおいに夜を楽しんだ（はしがきで触れた居酒屋の親父から当時のロシア人との交流を楽しく聞かせてもらった参加者もいる）。

ところで私がこのツアーを稚内サハリン航路のなるべく早い時期の便でやりかったのには理由があった（航路は基本的に六月から九月まで週二回程度の運航）。前年二〇一四年九月、北海道新聞に二〇一五年をもってフェリーを運航してきたハートランド社が撤退することを決定したとの記事が出たからだ。国境観光は地域と地域を結ぶキャリア（足）がなくてはできない。だから船が動いているうちにやらねばならない。そして稚内からサハリンに向かう人の流れ（アウトバウンド、つまり国内から国外へ向かう日本人による観

ハートランドのフェリーの風景

光）をつくることが航路を守るひとつの手段だと考えたからである。

目論見はある程度あたった。元祖「ボーダーツーリズム」をウェブサイトで謳っていた北都観光のサハリンツアーはこれで盛り上がり、「今年はサハリンブーム」（米田正博専務）とまで言われるほどになった。ロシアの経済的苦境やルーブル安で（日本も円安なのだが）、ロシア人の利用が減ったのは事実だが、一〇年ぶりに日本人の乗客がロシア人を上回ったのは画期的でもあった。サハリンに一泊しかしない弾丸格安ツアーなど、関東方面に人気で、バスが足りず、最後は断るまでに至ったと言う。なおこのときのツアーについてのアンケート調査結果は、同じく同行したハイエックの高田喜博研究員による報告書がすでに公開されている（http://src-hokudai-ac.jp/jibsn/report/160211.pdf）。

もうひとつ稚内発でやりたかったツアーが、北緯五〇度線の旧日ソ陸上国境を訪ねる旅である。このツアーは一種の特殊旅行であり、サハリン内の手配が難しいことが予想されたため、ロシアの専門旅行社であるエムオーツーリストに主催を頼んだ。案の定、手配に苦闘した。何よりもロシア側のカウンターパートとなる旅行社がはっきりしないらしい。ツアーをできないことはないようだが、値段がべらぼうに高い。

サハリンブームの先鞭をつけたモニターツアー（北都観光）

内情はあまり書けないが、一般に広報できるようになったのが、七月後半。九月の出発まで二カ月もない。早めに予告をしていたため、関心をもつ向きは多かったが、いつまでたっても確定しない予告にしびれをきらした希望者がどんどん脱落していく。そして、特殊ツアーなので三〇万近い。率直に言って、ツアーが成立するのかどうか不安で夜眠れない夏の夜が続いていた。

それでもこの「秘境」への旅は、好奇心溢れる人々の心に響いたようだ。行きはバス、帰りは夜行列車。同行解説は稚内在住の写真家斉藤マサヨシさん。二〇一六年四月末には札幌の紀伊国屋書店で、国境紀行の写真展を開催した。ツアーに同行取材し、本書の執筆陣の一人でもある刀祢館正明・朝日新聞編集員と一緒にトークショーも実現した。ちなみにこのときの参加者の声もすでに国境地域研究センターのウェブサイトに掲載されている（http://borderlands.or.jp/essay/essay010.html）。

対馬、関釜、ＪＲ

稚内・サハリン航路の意義については、編者がすでに述べているので、ここでは繰り返さない。私がここで思い出したいのは対馬と樺太・サハリンの縁である。そもそも樺太の誕生は日露戦争の勝利と結びついている。そしてこの勝利は、対馬沖海戦の結果によるところが大きい。

そう、みなさんは日本海海戦というが、世界標準では「バトル・

斉藤マサヨシさんの写真展は大盛況だった

オブ・ツシマ」。ツシマの名前はいろいろな意味で世界にとどろいている。この勝利が実は日本のサハリン占領と結びつく。当初、日本政府はサハリンに攻め込むのにかなり慎重であった。軍人の一部と外務省の一部にはそのようなプランはあったようだが、対馬で華々しく勝利しなかったら、おそらくサハリン占領はなかったに違いない。そして勢いに乗った日本軍はサハリン全土を占領した（南だけではない）。そのことがポーツマス条約の、いわゆる「南サハリン割譲」へと結びつく。

　例えば、ユーラシアを駆け抜けた国際政治学者秋野豊（小樽出身）の祖父、清水音治郎は日本海軍の酒保を担い、商店（一の秋野）を経営していたが、北緯五〇度線より北のまち、アレクサンドルフスク（亜港）にも店をかまえていた（岩下・木山編を参照）。

　確かにサハリンと稚内の人の往来が、釜山と対馬のようになるとは思えない。とはいえ、交流する相手は違っても、国境の島と国境のまちには相通じる部分が少なからずある（はしがき）。ロシアからみて、対馬海峡と宗谷海峡が等しく戦略的に重要な要路であることもまた確かだ。日露戦争の戦勝と第二次世界大戦の日ソ戦の敗戦の記憶はともに、日露関係の現在の文脈のなかで重視すべきだろう。日露関係は北方領土問題だけに規定され続けてきたわけではない。

海峡を結ぶ航路という観点からも、本書の中では釜山と下関を結ぶ航路との関係が触れられている。私は今でもそうではないかと思う。関釜フェリーを横目で見ながら、福岡から釜山を結ぶ航路をJR九州が手掛けたのが一九九一年。稚内とサハリンに定期航路が復活する四年前。（先進地新潟もそうだが）一九九〇年代は日本の地方が積極的に隣国や隣人たちと向き合おうとしたブームの一〇年であった。

　こう振り返ると、JR北海道が稚内とサハリンの航路に関心をもってもおかしくなかった。ただ九州のなかで顧客を運ぶことに専念せざるをえないJR九州が韓国との結びつきに活路を見出そうとしたのに対し（博多から本州への新幹線はJR西日本傘下）、新幹線開業で少しでも東京に近づくことを夢としてきたJR北海道では出発点から向いていた方向が違うのだろう。北海道内の都市を高速特急で結ぶプランがほぼ破れたいま、道東、道北などのローカル線減便にシフトしたJR北海道の現在を鑑みるに、名寄から稚内までの鉄路の存続も危うい。そうなれば、稚内は北へのゲートウェイどころか、北海道のなかでの「離島」と化そう。

　話を戻すが、二〇一六年四月、稚内商工会議所が稚内市などの協力の下、航路再開を目指す新会社を立ち上げた。すでに述べたように、運ぶ貨物のない状況ではフェリーの定期航路を再開するのは難しいだろう。だが人を運ぶニーズは十分にあるように思う。とくに宗谷海峡はさほどの距離ではない。むしろロシア国

国境地域研究センターが作成した国境観光のロゴ

待望のJR高速船ビートル

境を越えた、比較的に穏やかなことの多い湾内航行の時間が長い。もちろん、船の揺れは風や潮の状況に左右されるが、荒波ともいえる対馬・朝鮮海峡よりも、かなり厳しいとは言えまい。

時速七〇キロのJR高速船ビートルが就航すれば、いまの五時間半の旅が二時間弱に縮まる。高速船の日帰りも可能となる。もとより、JR九州の船が宗谷海峡を走るというストーリーそのものが、格好の観光商品となる。

キング・オブ・国境観光への返り咲きは間違いない。JR九州高速船は、二〇一一年釜山から対馬・比田勝への航路に参入し、それが契機となり、韓国人の対馬ブームが加速化した。その模様を記録したのが、ブックレット1号『国境の島・対馬の観光を創る』なのだが、もはや一過性でのものではなく定着とみなせる段階に入った。高速船の新国際ターミナルも完成し、懸案だったホテル不足も東横インが進出することが決まり、改善の道筋がついた。国境の島、対馬はいまや観光立国の先進モデルとしておおいに注目され始めている。一九九〇年代、そのパイオニアだった稚内がもう一度、光を取り戻せるかどうかも、まさに船の再開にかかっていよう。

国境を越えない「国境観光」・根室から稚内へ

船が復活するまで国境観光の火を絶やしてはいけない。北都観光は二〇一六年、札幌・新千歳発飛行機でサハリンにいくツアーを実施する。サハリンで列車をチャーターして回遊する旅に加え、今年は北緯五〇度線ツアーも主催する。だが冒頭で述べたように、ただ飛行機でそのまま入ったのでは単なる海外旅行である。

そこで私たちは新しい提案をした。新千歳発の飛行機が夕方遅めであるなら、その前に、札幌で一度集まったらどうかと。札幌にはいくつか樺太に関連した資料館がある。北海道博物館、北海道大学総合博物館、旧道庁赤レンガ館などがそれだ。これらを時間のかぎり、専門家の解説で回ったらどうだろうか。事前のレクチャーや問題意識の涵養が国境観光の鍵である。稚内でそれができないのならば、せめて札幌においても。この新しい試みは、井潤裕の解説で幕を開ける。稚内からの航路再開を望みつつも、私たちは国境観光を続けるのだ。

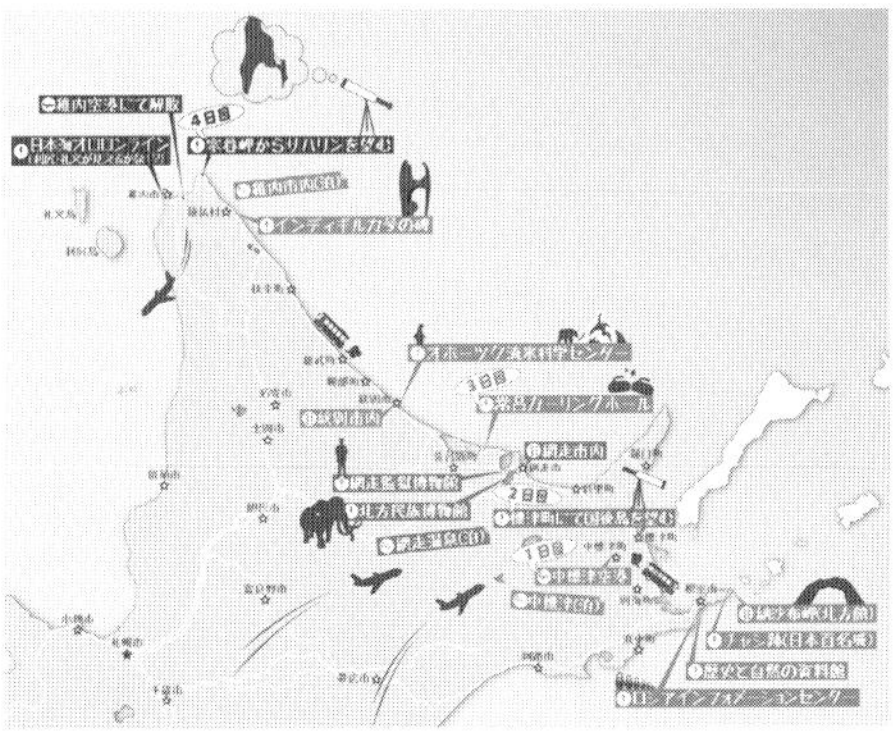

オホーツクゲートウェイ行程表

行き止まりの「国境地域」でも、国境観光ができないことはない。それを実証実験したのが、二〇一五年一〇月にビッグホリデー主催で実施した「道北ボーダーツーリズム――オホーツク・ゲートウェイ」である。根室は「見えない壁」で、いわゆる北方領土と切り離された北海道最東端の地域ともいえる。

いわば道北からオホーツク、そして道東に向かうルートは現在、「行き止まり」「さいはて」を巡る旅のようだ。

だが、この地は、かつてオホーツク文化のゲートウェイであった。とくに網走にいくと北米、ユーラシア、北極と広がる民族のつながりが見える。もちろん、太平洋からオホーツク、そして日本海へと結ぶこのルートは、海の境界、北海道の内なる国境（くにざかい）、そして隣国ロシアをいろいろなかたちで意識させる。そう、国境観光とは、なにも国境越えだけの観光ではない。国境地域を隣の世界と文脈化し、その観光資源を再構築する。詳しくは国境地域研究センターのウェブサイトに掲載された、交通学の泰斗、武田泉（北海道教育大学）らのエッセイをご覧いただきたい。

思えば、日本はいま周りを海に囲まれた列島である。とすれば、「行き止まり」のようにみえて、隣と直接、船でつながっていなくても、歴史のなかではゲートウェイであった場所がいたるところにある。対馬・釜山から稚内・サハリンへと広がった国境観光の射程は思いの外、長い。

（岩下明裕）

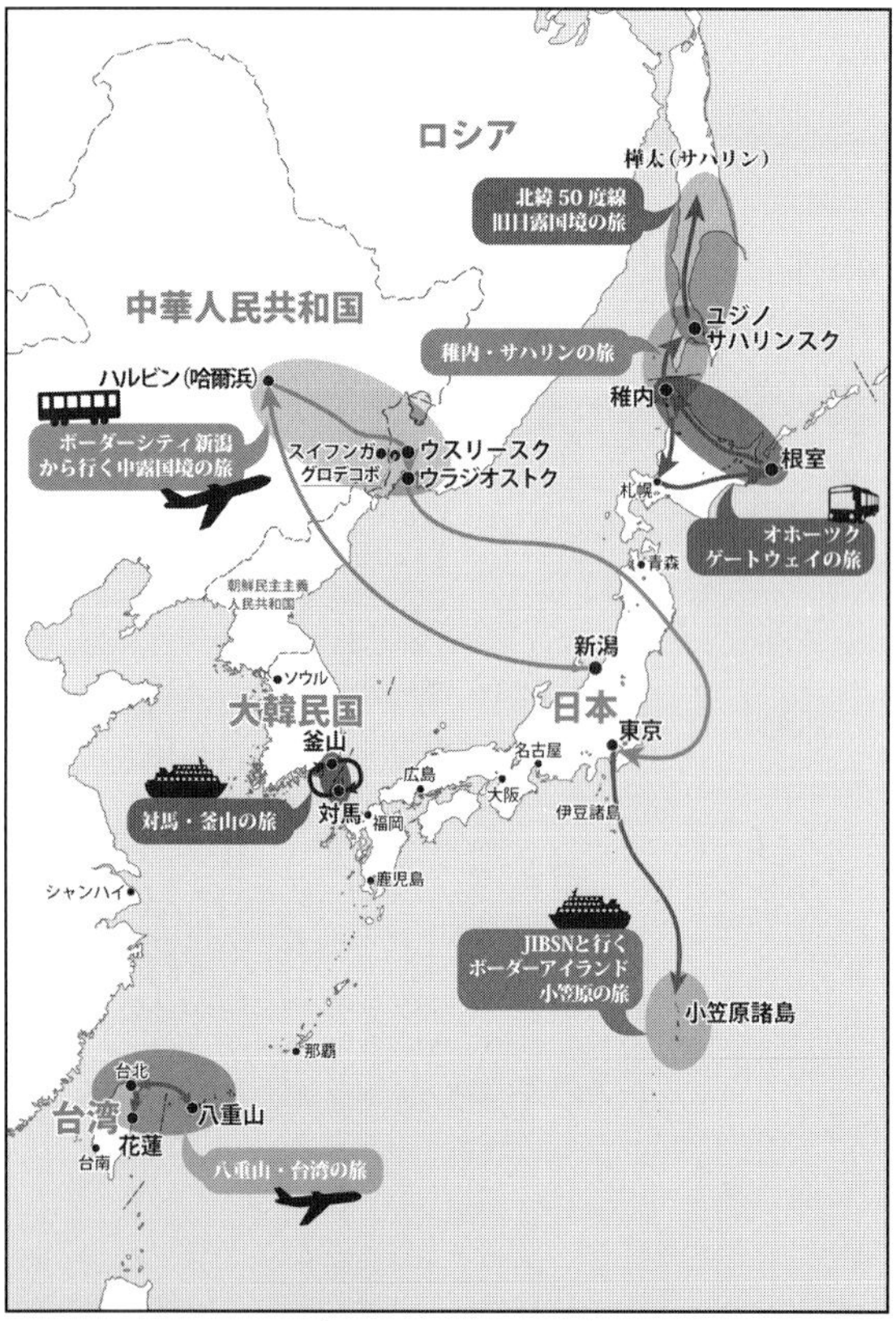

ボーダーツーリズム全体プラン

国境観光・北緯50度線ツアーに同行する
写真家 斉藤マサヨシ

コラム　札幌のなかのサハリン・樺太

最後に、もう一つのゲートウェイである札幌で、樺太との歴史的なつながりを感じさせるスポットをいくつか紹介しよう。

まず、都心部から。道庁の赤レンガ――北海道庁旧本庁舎の二階にある樺太関係資料館は、どうしたって外せない。どうか、樺太のことを忘れないで欲しい、という島民の思いが凝縮した資料館だ。樺太での人びとの暮らし、日ソ戦争の惨禍、そして戦後のサハリンとの交流の軌跡などなど、コンパクトで、かつ充実した展示内容は、サハリンをちょっと勉強してから現地を尋ねてみたいと思う人には最適の場所だ。

北海道庁旧本庁舎

樺太関係資料館

次は、円山にある北海道神宮の境内に行こう。ここには樺太開拓記念碑がある。樺太の大地を拓いた先人たちの労苦を偲ぶため、一九七三年に建立された記念碑で、毎年八月二三日には、ここで樺太開拓記念祭が行われる。ちなみに、八月二三日は、樺太庁が定めた施政記念日で、樺太島民の祝日とされていた。

樺太開拓記念碑

もう一つ、中島公園の南隣にある札幌護国神社の彰徳園も、足を向けて欲しいところだ。ここには尼港事件、ノモンハン事件、アッツ島守備隊の玉砕、北千島・占守島の戦いなど、北辺の戦場で命を落とした人びとの慰霊碑が並んでいる。血塗られた日露関係史の「陰」を象徴する空間だ。殉職看護婦の碑もその一つで、これは一九四五年八月の日ソ戦争の渦中で、樺太恵須取にあった太平炭鉱病院の看護婦たちの、集団自決事件の慰霊碑である。

最後に、時間があれば豊平区月寒にも足を伸ばして欲しい。ここにも島民たちの苦難の歴史がある。いま札幌月寒高校のキャンパスになっている一画は、かつて歩兵第二五連隊（月寒連隊）が駐屯していたところである。戦後、樺太から引き揚げてきた人びとは、苦難に満ちた戦後の人生の第一歩を、ここにあったかつての兵舎で過ごしていた。この月寒高校キャンパスの隣りに、豊原寺という、樺太の首府の名を冠した寺院があるが、これも偶然ではない。樺太にまつわるみほとけを供養するために建立された、引き揚げに縁の深いお寺だ。また、高校のそばにある、つきさっぷ郷土資料館も必見だ。ここは、かつて旧第五方面軍司令官の官舎だった。一九四五年のソ連との戦いをはじめ、北方の防人たちの栄光と苦難の歴史をここでも見ることができる。ただ、開館日が少ないので事前に確認しておく必要がある。

（井潤裕）

施設情報

北海道庁旧本庁舎（赤れんが庁舎）

札幌市中央区北3条西6丁目

http://www.pref.hokkaido.lg.jp/sm/sum/sk/akarenga.htm

つきさっぷ郷土資料館

札幌市豊平区月寒東2条2丁目

http://www.city.sapporo.jp/ncms/shimin/bunkazai/bunkazai/syousai/00k_tukisappu.html

参考文献・関連サイト

＊書籍

相原秀起『知られざる日露国境を歩く』東洋書店、二〇一五年
井澗裕『サハリンのなかの日本』東洋書店、二〇〇七年
岩下明裕編著『領土という病』北海道大学出版会、二〇一四年
岩下明裕・木山克彦編『図説 ユーラシアと日本の国境――ボーダー・ミュージアム』北海道大学出版会、二〇一四年
梅木孝昭『サハリン松浦武四郎の道を歩く』北海道新聞社、一九九七年
N・ヴィシネフスキー・小山内道子『トナカイ王――北方先住民のサハリン史』成文社、二〇〇六年
大江志乃夫『日本植民地探訪』新潮社、一九九八年
大沼保昭『サハリン棄民――戦後責任の点景』中公新書、一九九二年
木原直彦『樺太文学の旅』共同文化社、一九九四年
工藤信彦『わが内なる樺太』石風社、二〇〇八年
田村勝正『樺太島・日露国境標石の研究』（私家版）二〇一二年
原暉之編著『日露戦争とサハリン島』北海道大学出版会、二〇一一年
藤原浩『宮沢賢治とサハリン』東洋書店、二〇〇九年
三木理史『国境の植民地・樺太』塙書房、二〇〇六年
宮脇俊三『韓国・サハリン鉄道旅行』文藝春秋、一九九一年（文庫版あり）
『山川日本史小辞典』山川出版社、二〇〇一年
渡辺京二『黒船前夜――ロシア・アイヌ・日本の三国史』洋泉社、二〇一〇年

＊関連サイト

特定非営利活動法人・国境地域研究センター（JCBS） http://borderlands.or.jp/index.html
境界地域研究ネットワークJAPAN（JIBSN） http://src-hokudai-ac.jp/jibsn/
北海道大学スラブ・ユーラシア研究センター 境界研究ユニット（UBRJ） http://src-hokudai-ac.jp/jibsn/
稚内市 http://www.city.wakkanai.hokkaido.jp/

＊写真提供

井澗裕、中川善博、刀祢館正明、斉藤マサヨシ、岩下明裕

※本書は日本学術振興会委託『課題設定による先導的人文・社会科学研究推進事業』「国境観光――地域を創るボーダースタディーズ」（二〇一三―一五年）の成果の一部でもある。

執筆者一覧

井潤裕《いたにひろし》　：北海道大学スラブ・ユーラシア研究センター 共同研究員
北海学園大学 札幌学院大学 非常勤講師　専門はサハリン樺太史

岩下明裕《いわしたあきひろ》：北海道大学スラブ・ユーラシア研究センター 教授
九州大学アジア太平洋未来研究センター 教授
専門はボーダースタディーズ（境界研究・国境学）

中川善博《なかがわよしひろ》：稚内市サハリン課 主査

刀祢館正明《とねだちまさあき》：朝日新聞 編集委員

ブックレット・ボーダーズ　No.3
稚内・北航路——サハリンへのゲートウェイ

2016年7月10日　第1刷発行

編著者　井潤裕
発行者　藪野祐三

発行所　特定非営利活動法人 国境地域研究センター
〒460-0013　名古屋市中区上前津2丁目3番2号　第一木村ビル302号
tel 050-3736-6929　fax 052-308-6929
http://borderlands.or.jp/　info@borderlands.or.jp

発売所　北海道大学出版会
〒060-0809　札幌市北区北9条西8丁目北大構内
tel. 011-747-2308　fax. 011-736-8605
http://www.hup.gr.jp/

装丁・DTP編集　笹谷めぐみ
印刷　(株)アイワード

ISBN978-4-8329-6827-1

好評発売中!

ブックレットボーダーズ　NO.1　岩下明裕/花松泰倫 編著

国境の島・対馬の観光を創る

B5判・並製・64頁・¥800E

「領土問題」「隣国との喧噪」——日本人が抱く、重く暗い国境イメージ…
国境は砦ではなくゲートウェイに!
メディアの描く虚構を暴き、明るく楽しく、そして生き残りをかけた地域創造を。
日本初のボーダーツーリズム(国境観光)を生み出す対馬の挑戦。
島おこし、まちおこし、観光学、人類学の必読文献!

ブックレットボーダーズ　NO.2　舛田佳弘/ファベネック・ヤン 著

「見えない壁」に阻まれて
—— 根室と与那国でボーダーを考える

B5判・並製・80頁・¥900E

納沙布岬から眼前に広がる北方領土・歯舞群島に望む根室。
台湾からおよそ 100 キロ、日本の最西端の島・与那国。
東西ふたつの境界地域はいずれも「見えない壁」で隣人たちとの交流を
阻まれている。「壁」で格闘する地域に滞在した若手研究者の現場報告。

発行元 特定非営利活動法人 国境地域研究センター　　発売元 北海道大学出版会

※最寄りの書店にてご注文ください。

国境地域研究センターへの入会ご案内

JCBS
Japan Center For Borderlands Studies

一人でも多くのみなさまが会員に加わっていただき、
私たちと一緒に国境地域の将来を創造してくださることを期待します。
会員の方には本NPOが組織するイベントへ招待し、
NPOの刊行物など成果のご案内を随時、お届けいたします。

年会費	個　人	団　体
正会員	5,000 円	20,000 円
賛助会員	3,000 円	10,000 円

特定非営利活動法人
国境地域研究センター

[事務局] 名古屋市中区上前津２丁目３番２号
第一木村ビル302号　〒460-0013
Tel 050-3736-6929　Fax 052-308-6929
E-Mail: info@borderlands.or.jp

http://borderlands.or.jp/